DCG 3

Droit social

FICHES DE RÉVISION

DCG 3

Droit social

FICHES DE RÉVISION

5e édition

Christine Alglave
Agrégée d'économie et gestion
Professeur en classes préparatoires à l'expertise comptable

Magali Lafont
Agrégée d'économie et gestion
Professeur en classes préparatoires à l'expertise comptable

en partenariat avec

DUNOD
leader de l'expertise comptable

EDITIONS FRANCIS LEFEBVRE

Crédits iconographiques
p. 100 : © hourglass by Viktor Fedyuk (Tim P) from the Noun Project ;
p. 111, de gauche à droite : © mediation by Luis Prado from the Noun Project ;
© Conflict by Made × Made from the Noun Project.

Maquette de couverture et maquette intérieure : Yves Tremblay
Mise en pages : Nord Compo

NOUS NOUS ENGAGEONS EN FAVEUR DE L'ENVIRONNEMENT :

PAPIER CERTIFIÉ

Nos livres sont imprimés sur des papiers certifiés pour réduire notre impact sur l'environnement.

Le format de nos ouvrages est pensé afin d'optimiser l'utilisation du papier.

Depuis plus de 30 ans, nous imprimons 70 % de nos livres en France et 25 % en Europe et nous mettons tout en œuvre pour augmenter cet engagement auprès des imprimeurs français.

Nous limitons l'utilisation du plastique sur nos ouvrages (film sur les couvertures et les livres).

11 rue Paul Bert, 92240 Malakoff
www.dunod.com
ISBN 978-2-10-085098-3

Sommaire

Avant-propos

1 MOBILES

Les fiches sont détachables ! Elles permettent donc de réviser en toutes circonstances pour des usages variés : glissées dans le manuel, en complément du cours, à emporter partout pour optimiser votre temps (dans les transports, entre deux cours...), etc.

#Détachable #Pratique #Utile #Nomade

2 SIMPLES

La structure des fiches est basique et claire. Chaque fiche comporte des titres et rubriques aisément repérables, des mots-clés, des notions essentielles surlignées.

#Clair #Concis #Efficace #PrêtÀRéviser

3 VISUELLES

Les fiches détachables Dunod reprennent l'essentiel du cours comme vous auriez pu le faire. Les informations les plus importantes ont été sélectionnées et mises en avant dans les rubriques ou surlignées dans le texte.

Des schémas, tableaux et autres synthèses facilitent la mémorisation du cours.

#Synthétique #Visuel #Structuré

4 ERGONOMIQUES

La navigation d'une fiche à l'autre est aisée : les nombreux renvois vous guident et vous permettent de progresser à votre rythme tout en liant les notions du programme. La lecture n'est donc pas nécessairement linéaire.

#Souple #Complémentaire

5 FIDÈLES AU PROGRAMME

100 % conformes au programme, les fiches couvrent toutes les notions incontournables. À la fin de chaque fiche, la rubrique « Le + de l'expert » vous offre de précieux conseils pour faire la différence lors de l'épreuve.

#Fiable #RéussiteAssurée

Table des sigles et abréviations

Acoss : Agence centrale des organismes de sécurité sociale

AGS : Association pour la gestion du régime de garantie des créances des salariés

ANI : accord national interprofessionnel

ARE : aide au retour à l'emploi

BDES : base de données économiques et sociales

Carsat : Caisse d'assurance retraite et de la santé au travail

C2P : compte professionnel de prévention

CAHT : chiffre d'affaires hors taxes

CDC : Caisse des dépôts et consignations

CDD : contrat à durée déterminée

CDI : contrat à durée indéterminée

CEE : comité d'entreprise européen

CEP : conseil en évolution professionnelle

CFA : centre de formation des apprentis

Cnaf : Caisse nationale d'allocations familiales

CAF : caisse d'allocations familiales

Cnav : Caisse nationale d'assurance-vieillesse

Cnam-TS : Caisse nationale d'assurance-maladie des travailleurs salariés

COR : contrepartie obligatoire en repos

CPAM : caisse primaire d'assurance-maladie

CP : congés payés

CPF : compte personnel de formation

CPIR : commission paritaire interprofessionnelle régionale

CPNE : Commission paritaire nationale de l'emploi

CPP : convention de procédure participative

CPSTI : Conseil de la protection sociale des travailleurs indépendants

CRDS : contribution au remboursement de la dette sociale

CSE : comité social et économique

CSG : contribution sociale généralisée

CSP : contrat de sécurisation professionnelle

CSSCT : commission santé, sécurité et conditions de travail

CTP : congé de transition professionnelle

CTT : contrat de travail temporaire

DPAE : déclaration préalable à l'embauche

Dreets : Direction régionale de l'économie, de l'emploi, du travail et des solidarités

DUERP : document unique d'évaluation des risques professionnels

EPS : entreprise de portage salarial

ETP : équivalent temps plein

GPEC : gestion prévisionnelle des emplois et des compétences

IJSS : indemnités journalières de sécurité sociale

IRP : instances représentatives du personnel

ITT : incapacité temporaire de travail

LFSS : loi de financement de la sécurité sociale

LRAR : lettre recommandée avec avis de réception

MARD : modes alternatifs de règlement des différends

MSA : Mutualité sociale agricole

OIT : Organisation internationale du travail (ou ILO, pour International Labour Organization)

Opco : opérateur de compétences

ORE : offre raisonnable d'emploi

PDC : plan de développement des compétences

PEE : plan d'épargne entreprise

PEI : plan d'épargne interentreprises

PERE : plan d'épargne retraite d'entreprise

PME : petites et moyennes entreprises

PPAE : projet personnalisé d'accès à l'emploi

PSE : plan de sauvegarde de l'emploi
PSS : plafond de sécurité sociale
PUMa : protection universelle maladie
PV : procès-verbal
RAA : revenu d'activité antérieur
RCC : rupture conventionnelle collective
RCR : repos compensateur de remplacement
RNCP : répertoire national des certifications professionnelles
RSA : revenu de solidarité active
RSP : réserve spéciale de participation
RTT : réduction du temps de travail
RUP : registre unique du personnel
SJMR : salaire journalier moyen de référence
Smic : salaire minimum interprofessionnel de croissance
SMR : salaire moyen de référence
SPST : services de prévention et de santé au travail
TJ : tribunal judiciaire
TPE : très petites entreprises
Unedic : Union nationale pour l'emploi dans l'industrie et le commerce
Ursaaf : Union de recouvrement des cotisations de sécurité sociale et d'allocations familiales
VAE : validation des acquis de l'expérience
VPI : visite de prévention et d'information

Remarque

Il n'est pas tenu compte, dans le présent ouvrage, des dispositions temporaires et transitoires liées à la crise de la Covid-19.

1 L'évolution et les sources du droit du travail

Mots-clés

Accord de branche • Accord d'entreprise • Contrat de travail • Convention et accord collectif • Droit du travail • Droit social • Principe de faveur • Usage d'entreprise • Usage professionnel

1 Le positionnement et l'évolution du droit du travail

Le **droit social** regroupe l'ensemble des règles relatives au droit du travail et au droit de la protection sociale.

Articulation entre droit social et droit du travail

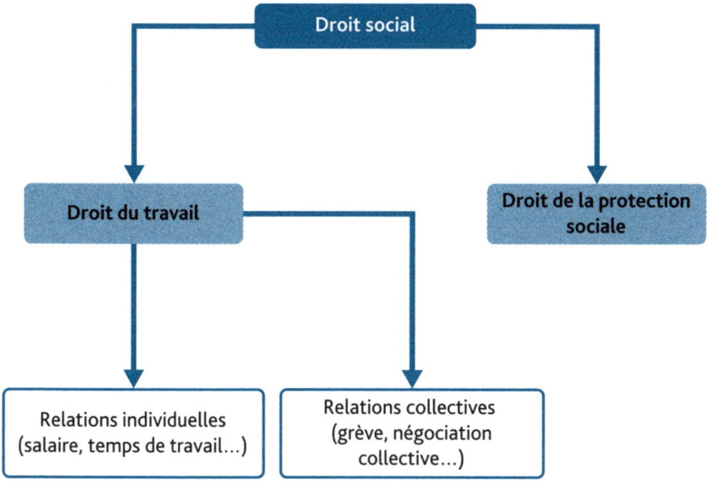

Définition

Le **droit du travail** est l'ensemble des règles régissant les relations individuelles et collectives entre employeurs et ses salariés.

Le droit du travail est :

- Un droit jeune. Il date du début du xxe siècle, il suit les évolutions de la société.
- Un droit particulier. Adapté aux situations professionnelles, il tient compte de rapports asymétriques entre employeurs et salariés.
- Un droit dynamique. Son contenu s'adapte aux attentes des partenaires, notamment grâce à la négociation collective.

2 Les sources du droit du travail

A. La hiérarchie des normes sociales

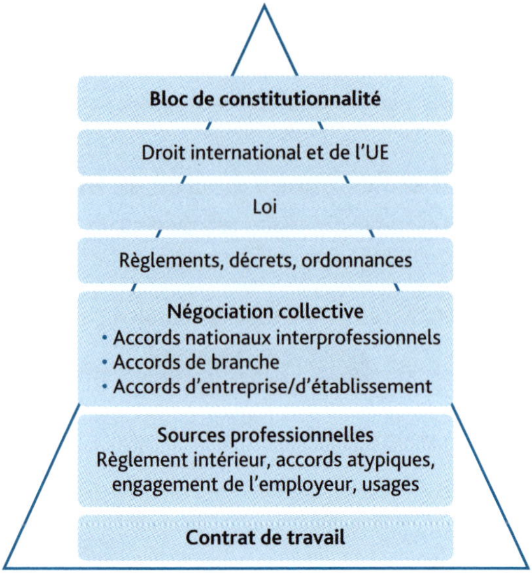

B. L'importance du droit négocié

Le droit des salariés de participer à la détermination de leurs conditions de travail est un principe inscrit dans le préambule de la Constitution de 1946. Ce droit s'exerce dans le cadre de la négociation collective.

Définition

Les **conventions et accords collectifs** sont négociés entre un employeur ou un groupement d'employeurs et une ou plusieurs organisations syndicales représentatives des salariés.

Une convention collective concerne l'ensemble des conditions d'emploi et de travail.

Un accord collectif ne porte que sur des sujets déterminés.

C. Les usages

Définitions

- L'**usage professionnel** s'applique à tout ou partie du personnel d'une profession.
- L'**usage d'entreprise** constitue une pratique habituelle de l'employeur.

Caractéristiques et modalités de dénonciation d'un usage

Caractéristiques
• Fixité (l'usage repose sur des modalités d'application identiques) • Constance (régularité de l'usage) • Généralité (l'usage bénéficie à la totalité des salariés ou une partie d'entre eux)
Dénonciation
• Information préalable des institutions représentatives du personnel • Information au préalable et individuellement de chaque salarié concerné par l'usage • Observation d'un délai de prévenance suffisant entre ces informations et la suppression effective de l'usage

3 L'application du droit social

A. Le principe de faveur

En droit social, la règle la plus favorable au salarié s'applique, même si elle ne respecte pas la hiérarchie des normes.

Le **principe de faveur** admet aujourd'hui de nombreuses exceptions :

- L'**ordre public « absolu »**. Aucune dérogation n'est possible, même si elle est plus favorable au salarié.

▶ Exemple

L'interdiction d'indexer le salaire sur le Smic est d'ordre public. ◀

- Les **accords dérogatoires**. Un texte de niveau inférieur peut déroger à un texte supérieur, même dans un sens défavorable au salarié, dans certains domaines déterminés.

B. La primauté de l'accord d'entreprise

Depuis les ordonnances du 22 septembre 2017, l'**accord d'entreprise** (même défavorable) prime l'**accord de branche** sauf dans certains domaines expressément prévus par la loi (verrouillage de droit) et dans les domaines qui n'ont pas été expressément interdits par l'accord de branche (verrouillage facultatif).

Hiérarchie des normes en droit social

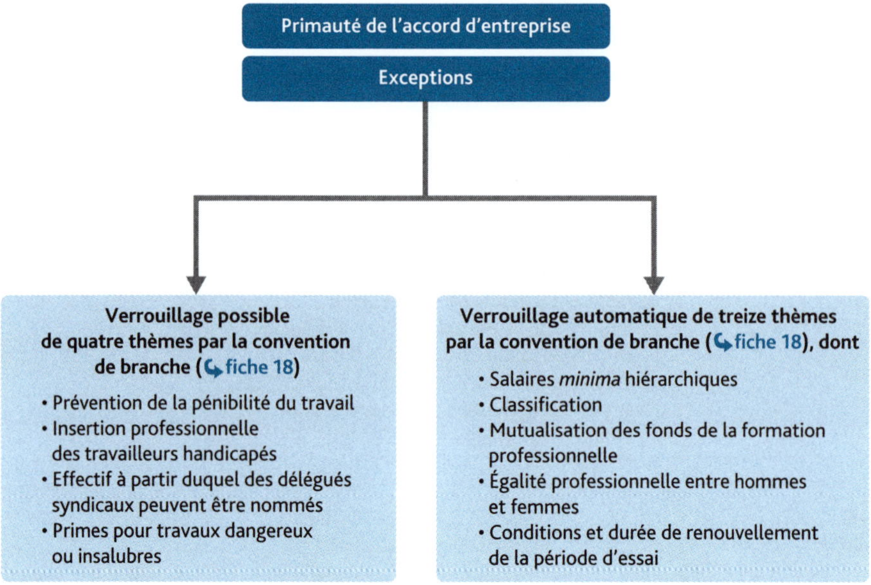

4 La qualification du contrat de travail

Le **contrat de travail** (fiche 4) se caractérise par la réunion de trois éléments :

- une prestation de travail ;
- une rémunération ;
- un lien de subordination entre un employeur privé et un salarié.

LE + DE L'EXPERT

Dans l'arrêt du 28 novembre 2018 – *Take Eat Easy* et celui du 4 mars 2020 – *Uber*, la chambre sociale de la Cour de cassation a requalifié le contrat de travailleurs indépendants liés à des plateformes en ligne en contrat de travail, en rappelant que « l'existence d'une relation de travail ne dépend ni de la volonté exprimée par les parties, ni de la dénomination qu'elles ont donnée à leur convention, mais des conditions de fait dans lesquelles est exercée l'activité des travailleurs ; le lien de subordination est caractérisé par l'exécution d'un travail sous l'autorité d'un employeur qui a le pouvoir de donner des ordres et des directives à son subordonné, d'en contrôler l'exécution et de sanctionner les manquements ».

2 L'application du droit et le contentieux de la relation de travail

Mots-clés

Convention de procédure participative • Dreets • Inspection du travail • Litige • Médiation conventionnelle • Sanction • Transaction • Travail dissimulé

1 Les contrôles de l'inspection du travail

A. L'organisation et les missions

L'inspection du travail est rattachée à la **Dreets** locale, qui agit elle-même sous la tutelle du ministère du Travail et de l'économie. Chaque direction régionale de l'économie, de l'emploi, du travail et des solidarités dirige plusieurs unités départementales auxquelles sont rattachées les différentes unités de contrôle de l'**inspection du travail**.

Missions de la Dreets et de l'inspection du travail

Dreets	Inspection du travail
• Définir les orientations générales des actions d'inspections • Assurer le suivi de la négociation collective • Mettre en œuvre la politique de l'État • Chaque Dreets : – organise le système d'inspection du travail dans la région ; – répartit les effectifs aux échelons régional et départemental ; – s'assure de l'adaptation des moyens matériels et humains.	• Contrôler le respect de la réglementation • Assister et conseiller employeurs et salariés • Prévenir les conflits du travail • Autoriser certaines ruptures du contrat de travail (salariés protégés), exiger le retrait de clauses du règlement intérieur…

B. Les prérogatives de la Dreets

La Dreets a vocation à :

- homologuer les conventions de rupture conventionnelle individuelle ;
- valider l'accord collectif majoritaire portant sur une rupture conventionnelle collective ;
- relever les éventuelles irrégularités de procédure en matière de licenciement collectif ;
- apporter des propositions pour compléter ou modifier un plan de sauvegarde de l'emploi (PSE) (↪ fiche 14) ;
- prononcer des amendes administratives à l'encontre des employeurs sans passer par la voie pénale ;
- proposer des transactions pénales pour certains délits ou contraventions…

C. Les moyens d'action et les conséquences du contrôle de l'inspection du travail

Moyens d'action de l'inspection du travail

Lorsqu'il constate une infraction, l'inspecteur du travail peut :

- adresser une observation à l'employeur pour lui demander de se mettre en conformité avec les textes légaux, réglementaires et conventionnels ;
- mettre en demeure l'employeur de remédier à la situation constatée ;
- dresser directement un procès-verbal (PV) pour constater l'infraction commise. Ce procès-verbal peut être transmis au parquet en vue de poursuites pénales.

D. Le contrôle du travail dissimulé

Définition

Le **travail dissimulé** est un délit consistant à cacher intentionnellement une activité sans la déclarer à l'autorité administrative (dissimulation d'activité) ou à dissimuler tout ou partie d'un emploi salarié en se soustrayant volontairement aux déclarations légales obligatoires ou en omettant de délivrer des bulletins de paie (dissimulation d'emploi salarié).

Acteurs et moyens de contrôle

Les agents en charge du contrôle du travail dissimulé sont nombreux : inspecteurs du travail, agents des organismes de Sécurité sociale, agents des services des impôts et des douanes, officiers de police judiciaire, agents de Pôle Emploi…

Ils réalisent des vérifications, des enquêtes, des auditions… Ils échangent des informations et coordonnent leurs actions pour lutter contre le travail dissimulé.

Sanctions

L'employeur, coupable de travail dissimulé encourt des **sanctions** :

- pénales (45 000 € d'amende et 3 ans d'emprisonnement) ;
- civiles (réintégration des rémunérations dans l'assiette des cotisations, pénalités, en cas de rupture du contrat de travail du salarié : indemnité de 6 mois de salaire à laquelle s'ajoutent des indemnités de rupture...) ;
- administratives (suppression ou réduction des exonérations de cotisations de sécurité sociale, exclusion des marchés publics pour 5 ans).

2 Le contentieux de la relation de travail

<table>
<tr><th>Contentieux prud'homal</th><th colspan="2">Contentieux civil</th></tr>
<tr><td rowspan="7">Saisine du conseil de prud'hommes

• Pour les litiges individuels du travail entre employeur et salarié
• Conseil de prud'hommes territorialement compétent : celui du ressort de l'entreprise (ou celui du domicile du salarié lorsque le travail est réalisé en dehors de l'entreprise)

Phase de conciliation préalable obligatoire

Absence de conciliation : renvoi des parties devant le bureau de jugement

Voies de recours : appel au-delà de 5 000 € ; pourvoi en cassation</td><td colspan="2">Tribunal judiciaire</td></tr>
<tr><td>• Pour les litiges relatifs :
– aux élections professionnelles (en premier et dernier ressort)
– à la représentativité syndicale</td><td>• Pour les litiges collectifs du travail et les contentieux de la participation et de l'intéressement (calcul de la RSP) (→ fiche 20)</td></tr>
<tr><th colspan="2">Contentieux pénal</th></tr>
<tr><td>Tribunal de police</td><td>Tribunal correctionnel</td></tr>
<tr><td>Contraventions au droit du travail</td><td>Délits (ex. : entrave, travail dissimulé)</td></tr>
<tr><th colspan="2">Contentieux administratif</th></tr>
<tr><td colspan="2">Pour les litiges relatifs aux décisions de l'inspecteur du travail ou de la Dreets</td></tr>
</table>

3 Les modes alternatifs de règlement des différends individuels du travail

A. La médiation conventionnelle

Définition

La **médiation conventionnelle** est un processus structuré par lequel l'employeur et le salarié tentent de parvenir à un accord en vue de la résolution amiable de leur litige avec l'aide d'un médiateur, choisi par eux ou désigné, avec leur accord, par le juge saisi du litige.

En cas d'accord, les parties peuvent faire homologuer la médiation par le conseil de prud'hommes pour lui donner force exécutoire.

En cas d'échec, les parties peuvent saisir le conseil de prud'hommes.

B. La procédure participative

Définition

Aux termes de la **convention de procédure participative** (CPP), l'employeur et le salarié qui sont en litige, sans avoir saisi le juge prud'homal, s'engagent à œuvrer conjointement et en bonne foi, avec l'aide de leurs avocats, à la résolution amiable de leur différend.

La CPP est soumise à l'homologation du juge prud'homal afin de lui donner force exécutoire.

En cas d'échec dans la recherche de solutions amiables, les parties saisissent le conseil de prud'hommes selon des modalités spécifiques.

C. La transaction

Définition

La **transaction** est un contrat par lequel l'employeur et le salarié, par des concessions réciproques, terminent une contestation née ou préviennent une contestation à naître pour éviter de passer devant le juge.

Trois conditions sont exigées :

- un litige relatif à l'exécution ou à la rupture du contrat de travail ;
- une intention de transiger ;
- des concessions réciproques, réelles et appréciées à la date de signature de la convention.

Effets de la transaction

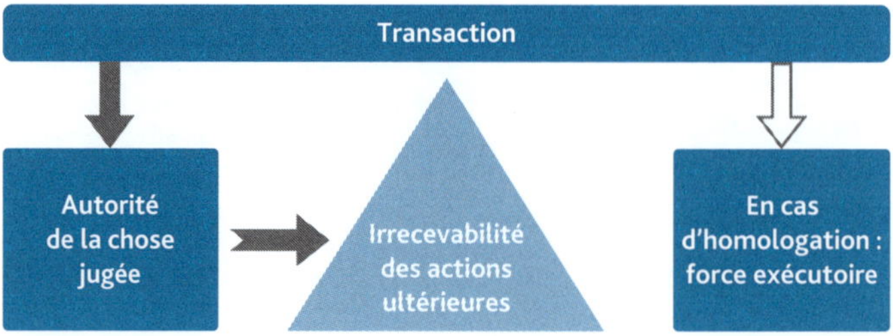

LE + DE L'EXPERT

Par un arrêt du 26 mai 2021 (pourvoi n° 20-85.118), la Cour de cassation a été appelée à trancher la question de la qualification de l'entraide familiale de l'épouse d'un boulanger travaillant à temps partiel (30 heures) pour son mari. Le contrat de travail exclut de poursuivre, au titre de l'entraide familiale, la même activité sans que soient établies les déclarations sociales correspondantes. Il était bien question de travail dissimulé par dissimulation d'emploi salarié.

3 La formation et l'exécution du contrat de travail

Mots-clés

Liberté d'embauche • Offre d'emploi • Période d'essai • Pourparlers • Promesse unilatérale de contrat • Recrutement

1 Le recrutement

A. La liberté d'embauche et ses limites

Définition

Le principe de liberté **d'embauche** veut qu'un employeur puisse recruter la personne qu'il souhaite en raison de son pouvoir de direction et du caractère fortement personnel de la relation de travail.

Limites à la liberté d'embauche

Interdictions d'emploi	• Les mineurs de moins de 16 ans (sauf exceptions) • Les étrangers non ressortissants de l'UE ou non munis d'un titre.
Priorités d'emploi	• Les salariés de l'entreprise à temps plein ou à temps partiel. • Les salariés de l'entreprise ayant perdu leur emploi suite à un licenciement économique.
Obligation d'emploi des travailleurs handicapés	Obligation pour les entreprises d'au moins 20 salariés d'engager des travailleurs handicapés à hauteur de 6 % de leur effectif.

B. Les modalités d'embauche

Pour être valable, une **offre d'emploi** doit :

- être datée et rédigée en français ;
- ne pas comporter de mentions discriminatoires ;
- ne pas comporter d'allégations fausses susceptibles d'induire en erreur les candidats.

L'employeur met en place les techniques de recrutement qu'il souhaite à condition :

- d'informer au préalable le CSE et les candidats ;
- d'utiliser des méthodes de recrutement pertinentes au regard de la finalité poursuivie ;
- que les informations demandées respectent la vie privée : avoir pour seul but d'apprécier la capacité du candidat à occuper l'emploi ou ses aptitudes professionnelles et avoir un lien direct et nécessaire avec l'emploi proposé.

2 L'embauche

A. L'avant-contrat de travail

Définitions

- Les **pourparlers** désignent la phase préliminaire de discussion et d'échange durant laquelle l'employeur et le candidat se rapprochent afin d'envisager la conclusion du contrat de travail.
- La **promesse unilatérale de contrat** de travail est l'acte par lequel l'employeur accorde au candidat le droit d'opter pour le contrat de travail dont l'emploi, la rémunération et la date d'entrée en fonction sont déterminés. Si elle est retirée, elle engage la responsabilité contractuelle de l'employeur et produit les effets d'un licenciement sans cause réelle ni sérieuse.

La conduite des négociations d'embauche obéit à deux principes :

- l'initiative et le déroulement sont libres ;
- les discussions sont menées de bonne foi.

B. La formation du contrat de travail

Comme dans tout contrat, rois conditions de fond doivent être réunies.

Conditions de formation du contrat de travail

En matière de forme, le CDI à temps complet ne nécessite pas d'écrit. Cependant, une directive européenne de 1991 exige la remise d'un écrit au salarié dans les 2 mois suivant l'embauche.

C. Les formalités liées à l'embauche

Déclaration préalable à l'embauche (DPAE)	Effectuée auprès de l'Urssaf au plus tôt dans les 8 jours avant l'embauche.
Visite de prévention et d'information	• Effectuée dans un délai de 3 mois à compter de la prise effective du poste de travail. • Évaluation de l'état de santé du salarié, information sur les risques liés à son poste de travail.

3 L'exécution du contrat de travail

A. Les obligations des parties au contrat de travail

L'employeur comme le salarié sont tenues par des obligations mutuelles.

Obligations de l'employeur	Obligations du salarié
• Fournir le travail convenu (ex. : respecter la fiche de poste du salarié, ne pas le « placardiser »). • Verser le salaire prévu. • Assurer la fourniture et l'exécution du travail de bonne foi (ex. : ne pas « ficher » le salarié).	• Exécuter consciencieusement et personnellement le travail convenu (ex. : ne pas confier à quelqu'un d'autre, sans autorisation expresse, la réalisation de tâches lui incombant) • Exécuter le contrat de travail de bonne foi (ex. : respect de la confidentialité).

B. La période d'essai

Définition

La **période d'essai** est le temps pendant lequel l'employeur évalue les compétences du salarié et le temps pendant lequel le salarié apprécie si les fonctions occupées lui conviennent.

En l'absence de précision relative à la période d'essai, clause facultative, le contrat peut être rompu de manière unilatérale sans motif ni indemnité. Une telle clause est encadrée par la loi.

Durée légale calendaire de la période d'essai

	Durée initiale (mois)	Renouvellement (mois)
Ouvriers et employés	2	2
Agents de maîtrise et techniciens	3	3
Cadres	4	4

Le renouvellement de la période d'essai, dans la limite d'un seul, est possible aux conditions suivantes :

- la possibilité de renouvellement est prévue par voie conventionnelle ;
- le renouvellement est expressément prévu par le contrat de travail ;
- le salarié a donné son accord.

La rupture du contrat de travail pendant la période d'essai n'a pas à être justifiée et ne donne pas lieu au versement d'indemnité, sauf si elle est abusive.

C. Les principales autres clauses propres au contrat de travail

Outre la période d'essai, il existe cinq clauses spécifiques :

- La clause de non-concurrence par laquelle le salarié s'engage, à l'issue de son contrat de travail, à ne pas faire concurrence à son ancien employeur.
- La clause d'exclusivité interdisant au salarié, pendant l'exécution de son contrat de travail, d'exercer une autre activité, hors de l'entreprise, dans un secteur concurrentiel ou non.

- La clause de dédit-formation par laquelle le salarié s'engage à rester un certain temps dans l'entreprise après avoir bénéficié d'une formation spécifique. À défaut, il doit indemniser l'entreprise.
- La clause de mobilité par laquelle le salarié accepte, par avance, la modification de son lieu de travail en dehors du secteur géographique de l'entreprise.
- La clause d'objectifs qui fixe des objectifs ou des quotas à atteindre (objectifs qualitatifs ou quantitatifs).

Conditions de validité des différentes clauses

Clause de non-concurrence	• Nécessaire protection des intérêts légitimes de l'entreprise. • Limite dans l'espace et le temps. • Possibilité de retrouver un emploi conforme à la formation. • Obligation pour l'employeur de verser une contribution financière significative.
Clause d'exclusivité	La clause doit être : • indispensable à la protection des intérêts légitimes de l'entreprise ; • proportionnée au but recherché ; • justifiée par la nature de la tâche à accomplir.
Clause de dédit-formation	• Engagement par l'entreprise de frais réels de formation excédant les dépenses imposées par la loi ou la convention collective. • Indemnité non exclusive de la démission. • Conclusion d'une convention particulière avant la formation (date, nature, durée et coût de la formation, montant et modalités du remboursement à la charge du salarié).
Clause de mobilité	• Intégration dans le contrat de travail ou dans la convention collective à condition qu'elle soit suffisamment précise et que le salarié ait eu connaissance de cette convention au moment de son embauche. • Indication précise de la zone géographique concernée. • Bonne foi par l'employeur : clause justifiée par l'intérêt légitime de l'entreprise, qui ne porte pas préjudice au salarié et respecte un délai de prévenance raisonnable. • Absence d'impact sur les autres éléments essentiels du contrat de travail (ex. : qualification, rémunération).
Clause d'objectifs	Les objectifs fixés doivent être raisonnables et compatibles avec le marché.

LE + DE L'EXPERT

- La Cour de cassation distingue la « promesse unilatérale de contrat de travail », laquelle a valeur contractuelle, et « l'offre de contracter » qui engage la responsabilité extracontractuelle de son auteur.
- Dans un arrêt du 5 avril 2018, la Cour a également jugé qu'une clause de mobilité prévoyant « l'ensemble du territoire national » comme zone géographique d'application était valable.

4 La diversité des contrats de travail

Mots-clés

CDD • CDI • CDI de chantier • Contrat d'apprentissage • Contrat de professionnalisation • CTT • CTP • Portage salarial

1 Le CDI et ses variantes

Le contrat à durée déterminée (CDI) est le contrat de droit commun mais il connaît une variante, le CDI de chantier.

CDI	CDI de chantier
• Contrat de droit commun • Conclu sans détermination de durée, à temps plein • Forme normale d'embauche pour occuper un emploi stable et permanent de l'entreprise • Aucun formalisme particulier sauf dispositions conventionnelles contraires	• Contrat à durée indéterminée (CDI) conclu pour la durée d'un chantier ou d'une opération • Destiné aux entreprises dans lesquelles une convention collective de branche a été conclue • La rupture intervient lorsque le chantier est terminé ou l'opération réalisée. Elle fait l'objet d'une procédure identique à celle d'un licenciement individuel pour motif personnel.

2 Les contrats de travail précaires

A. Le contrat de travail à durée déterminée (CDD)

Définition

Le CDD est un contrat de travail écrit conclu entre un employeur et un salarié pour un temps fixé à l'avance.

Fonctionnement du CDD

Modalités de recours au CDD

Cas de recours	Cas de recours autorisés : • Remplacement d'un salarié temporairement absent • Accroissement temporaire d'activité • CDD d'usage • CDD conclus dans le cadre de la politique d'emploi	Cas de recours interdits : • Remplacement d'un salarié gréviste • Embauche pour effectuer des travaux particulièrement dangereux • Embauche dans les 6 mois qui suivent un licenciement économique

Durée	• À terme précis : à défaut de dispositions conventionnelles, 18 mois avec deux renouvellements. • À terme imprécis : par exemple, en cas de remplacement d'un salarié absent, le CDD doit comporter une durée minimale.
Contenu	Motif pour lequel le CDD a été conclu, nom et qualification de la personne remplacée, durée, période d'essai, qualification et rémunération, conditions du renouvellement.
Période d'essai	• Moins de 6 mois : 1 jour d'essai par semaine dans la limite de 2 semaines maximum • Au-delà de 6 mois : 1 mois
Délai de carence entre 2 CDD ou CTT successifs	• 1/3 de la durée du contrat venant à expiration, renouvellement inclus si la durée du CDD est supérieure à 14 jours. • 1/2 de la durée du CDD si la durée du CDD est inférieure à 14 jours.

La signature des deux parties est une prescription d'ordre public. L'absence de signature peut entrainer la requalification du CDD en CDI.

En principe, une indemnité de fin de contrat de 10 % de la rémunération brute totale est due au salarié.

Un CDD ne peut être rompu avant terme que dans quatre cas :

- accord des parties ;
- faute grave ou lourde ;
- force majeure ;
- salarié justifiant d'une embauche en CDI.

B. La mise à disposition de personnel : le contrat de travail temporaire (CTT) et le portage salarial

Le CTT

Définition

Le CTT est conclu entre une entreprise de travail temporaire (ETT) et un intérimaire : l'ETT envoie le salarié temporaire en mission dans une entreprise utilisatrice pour exécuter une prestation de travail précise et temporaire.

Fonctionnement du CTT

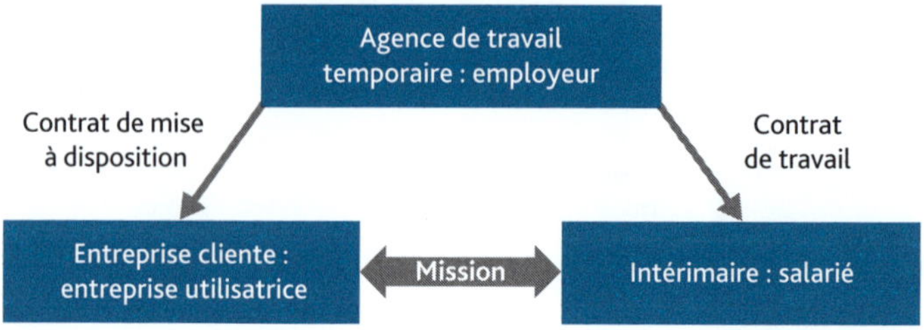

En CTT, les cas de recours, les conditions de formation et les cas de rupture sont identiques à ceux du CDD.

Le portage salarial

Définition

Le **portage salarial** est une opération par laquelle le salarié porté, justifiant d'une expertise et d'une qualification et rattaché à une entreprise de portage salarial, effectue une prestation de travail pour une entreprise cliente qu'il a, au préalable, démarchée.

Le portage salarial peut prendre la forme d'un CDD ou d'un CDI plafonné à 3 ans.

Fonctionnement du portage salarial

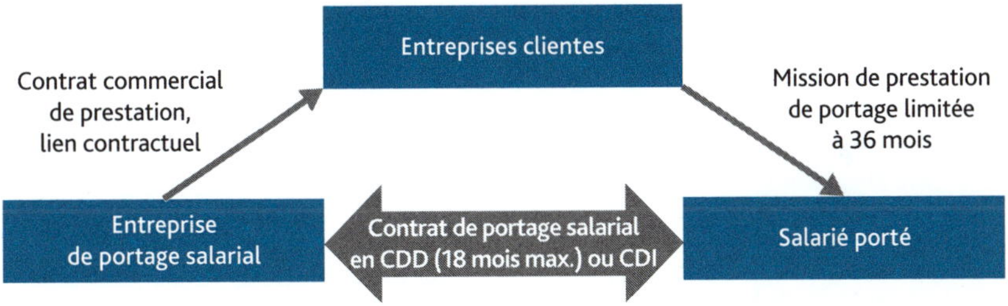

3 Les contrats alliant formation et emploi

A. Le contrat d'apprentissage et le contrat de professionnalisation

Le **contrat d'apprentissage** et le **contrat de professionnalisation** allient formation et emploi.

Acteurs concernés par les contrats d'apprentissage et de professionnalisation

	Contrat d'apprentissage	Contrat de professionnalisation
Entreprises visées	Toute entreprise privée ou publique	Employeurs assujettis au financement de la formation professionnelle
Salariés concernés	• Jeunes de 16 à 30 ans • Par dérogation, juqu'à 35 ans dans des cas précis	• Jeunes de 16 à 26 ans • Demandeurs d'emplois de 26 ans et plus • Bénéficiaires du RSA, de l'AAH, de CUI
Forme	En CDD ou en CDI	
Durée du contrat	Égale à la durée de la formation (varie de 6 mois à 3 ans)	Entre 6 et 12 mois (voire 24 mois dans certains cas)
Rémunération	% du Smic entre 27 % et 100 %, pourcentage qui varie en fonction de l'âge et de la progression dans le cycle de formation	% du Smic en fonction de l'âge et du niveau de départ du salarié (de 55 % à 100 %)

4 Les contrats destinés à l'aménagement du temps de travail : le contrat de travail à temps partiel

Définition

Le contrat de travail à temps partiel (CTP) est contrat de travail écrit ayant une durée inférieure à la durée légale (35 heures) ou conventionnelle du travail et une durée minimale du travail à temps partiel de 24 heures.

La précédente définition connaît néanmoins :

- des exceptions (salariés de moins de 26 ans, contrat conclu avec un particulier ou lorsque le salarié demande à travailler moins de 24 heures) ;
- des dérogations (nécessité d'une convention collective de branche étendue, avec des garanties de mise en œuvre d'horaires réguliers, regroupés sur des journées ou demi-journées régulières ou complètes).

Caractéristiques du CTP

Répartition et modification de la durée du travail	• Prévue au contrat de travail • Pas plus d'une interruption d'activité de plus de 2 heures au cours de la journée, sauf dispositions conventionnelles contraires • Modification possible avec un délai de prévenance de 7 jours (ramené à 3 jours si accord d'entreprise)
Heures complémentaires	• Prévues au contrat de travail • Dans la limite du 1/10 de la durée du travail convenue au contrat de travail (1/3 de la durée contractuelle en cas d'accord d'entreprise) • Taux plancher : majoration de 1/10 dans la limite du 1/10 ; majoration de 25 % pour les heures au-delà du 1/10 • Modification du contrat de travail en cas de dépassement de l'horaire contractuellement prévu pendant 12 semaines ou pendant 12 semaines sur une période de 15 semaines
Statut du salarié	Égalité de traitement en ce qui concerne les droits reconnus légalement aux salariés à temps complet

LE + DE L'EXPERT

Dans un arrêt du 14 février 2018, la Cour de cassation a jugé que le seul fait pour l'employeur, qui est tenu de garantir aux salariés le droit à congés ou repos que leur accorde la loi, de recourir à des CDD de remplacement de manière récurrente, voire permanente, ne saurait suffire à caractériser un recours systématique aux CDD pour faire face à un besoin structurel de main-d'œuvre et pourvoir durablement un emploi lié à l'activité normale et permanente de l'entreprise. Dans un arrêt du 29 janvier 2020, la Cour requalifie la suite d'une centaine de CDD, utilisés comme mode habituel de gestion du personnel, en CDI.

5 L'évolution du contrat de travail : la suspension

Mots-clés

Congé de maternité • Congé de naissance • Congé de paternité • Indemnité de licenciement • Obligation de reclassement • Protection contre le licenciement • Suspension • Visite médicale de reprise

Définition

Il y a **suspension** du contrat de travail lorsque le salarié cesse temporairement d'exécuter les obligations contractuelles qui lui incombent sans que le contrat de travail soit rompu.

1 Les causes de suspension

Le Code du travail distingue les suspensions du fait du salarié, du fait de l'employeur ou liées à un cas de force majeure.

Classification des causes de suspension du contrat de travail

Du fait du salarié	Du fait de l'employeur	En raison d'un cas de force majeure
• Arrêt-maladie (professionnelle ou non professionnelle) • Congé de maternité ou de paternité • Congés payés • Congé-formation, congé sabbatique, congé création d'entreprise • En cas de grève	• Pour sanction disciplinaire (mise à pied notamment) • Recours au lock-out • En cas de chômage technique	Événement extérieur aux parties, imprévisible lors de la conclusion du contrat de travail et irrésistible dans son exécution (ex. : cyclone, guerre, incendie détruisant totalement l'entreprise...).

2 Les effets de la suspension à l'égard du salarié

Le salarié :

- cesse d'exécuter sa prestation de travail ;
- ne reçoit pas de rémunération ;
- reste tenu aux engagements résultant du contrat de travail : obligations de loyauté, de non-concurrence ou de confidentialité ;
- réintègre son emploi, un emploi équivalent ou similaire, lors de son retour dans l'entreprise.

3 La suspension du contrat de travail pour maladie ou accident professionnel

En cas de maladie ou d'accident professionnel, le contrat de travail du salarié est suspendu. L'employeur ne peut pas rompre le contrat de travail, sauf faute grave ou en cas d'impossibilité de maintenir le contrat de travail pour un motif non lié à l'accident ou à la maladie professionnelle. À défaut, il y a nullité du licenciement ou de la rupture du CDD.

Une **visite médicale de reprise** par le médecin du travail est obligatoire après tout arrêt de travail d'au moins 30 jours.

Issues de la visite médicale de reprise

Le médecin du travail déclare le salarié apte à reprendre son travail	Le médecin du travail constate que l'état de santé du salarié justifie un changement de poste et déclare le salarié inapte à son poste de travail : obligation de reclassement	
• Le salarié retrouve son emploi avec une rémunération équivalente. • S'il y a rupture du contrat de travail, le licenciement est dénué de cause réelle et sérieuse. Le salarié peut demander sa réintégration ou des dommages-intérêts égaux à 6 mois de salaire.	• Proposition de reclassement dans le mois de l'examen médical de reprise. • Recherche de poste dans l'entreprise ou dans le groupe • Poste aussi proche que possible de l'emploi antérieur.	• Dispense de reclassement en cas de maintien du salarié dans l'entreprise préjudiciable à son état de santé. • Licenciement possible en cas d'impossibilité de reclassement.

4 La suspension pour maladie ou accident non professionnel

La maladie et l'accident non professionnel sont des causes de suspension du contrat de travail.

La maladie et l'accident non professionnel ne constituent pas une cause de licenciement. Le licenciement justifié par l'état de santé du salarié ou par son handicap est considéré comme discriminatoire. Le juge peut prononcer la nullité du licenciement opéré selon ce motif.

Cependant, lorsque les absences du salarié sont répétées ou sont prolongées, elles peuvent justifier un licenciement si deux conditions cumulatives sont remplies :

- Les absences perturbent le bon fonctionnement de l'entreprise.
- Les absences entraînent la nécessité pour l'employeur de remplacer définitivement le salarié par l'embauche d'un autre salarié en CDI.

L'employeur met alors en œuvre la procédure de licenciement et verse au salarié l'**indemnité** légale ou conventionnelle **de licenciement**.

Le salarié doit avertir l'employeur de son absence, se soumettre à la contrevisite médicale patronale et respecter son obligation de loyauté pendant l'arrêt de travail. À l'issue de l'arrêt de travail, le salarié subit une visite médicale de reprise ou de préreprise.

Visites médicales de reprise et de préreprise

	Visite médicale de reprise	Visite médicale de préreprise
	Si absence pour maladie ou accident non professionnel d'au moins 30 jours.	Pour les arrêts de travail de plus de 3 mois.
Principe	L'employeur saisit le médecin du travail ou les services de prévention et de santé au travail (SPST) afin d'organiser l'examen de reprise le jour de la reprise effective du travail par le salarié et au plus tard dans les 8 jours qui suivent la reprise.	Visite médicale de préreprise par un médecin du travail à l'initiative du médecin traitant ou du médecin conseil de la Sécurité sociale ou du salarié.
Objectif	Vérifier que le poste de travail du salarié est compatible avec son état de santé, ou de préconiser des aménagements ou adaptations de poste ou d'émettre un avis d'inaptitude.	Favoriser le retour du salarié dans l'entreprise et son maintien dans l'emploi, recommander des aménagements ou des adaptations du poste de travail, ou préconiser des formations professionnelles ou encore organiser le reclassement ou la réorientation professionnelle du salarié.

L'**inaptitude** du salarié à son poste de travail peut être établie dès lors qu'aucune mesure d'aménagement, d'adaptation ou de transformation du poste de travail n'est possible. En cas d'inaptitude, l'employeur est tenu d'une **obligation de reclassement** dans l'entreprise ou le groupe.

5 La suspension consécutive à la maternité

Pendant toute la durée du **congé de maternité**, le contrat de travail de la salariée est suspendu. Ce congé est considéré comme du temps de travail effectif (↳ fiche 7).

La durée du congé varie avec le nombre d'enfants déjà nés et le rang de l'enfant ou des enfants à naître. Le congé comporte deux périodes : le congé prénatal avant la date présumée de l'accouchement et le congé post-natal après l'accouchement.

Durée du congé de maternité

	Congé prénatal	Congé post-natal	Durée totale
1er et 2e enfants	6	10	16
3e enfant et plus	8	18	26
État pathologique	+ 2	+ 4	+ 6

La salariée enceinte bénéficie d'une **protection** spéciale **contre le licenciement**.

Protections absolue et relative

Période de protection absolue	Période de protection relative
Interdiction absolue d'engager une procédure de licenciement pendant le congé de maternité	• Pendant la grossesse et jusqu'à 10 semaines après la fin du congé de maternité, un licenciement ne peut être envisagé que pour 2 motifs : – pour faute grave ; – pour un motif non lié à l'état de grossesse, à l'accouchement ou à l'adoption. • Le licenciement ne peut pas être notifié, ni prendre effet pendant la suspension du contrat. Si le licenciement est prononcé, il ne peut prendre effet qu'à la reprise du travail.

A. La nullité du licenciement

Le licenciement est annulé si, dans un délai de 15 jours à compter de sa notification, la salariée adresse à l'employeur un certificat médical attestant sa grossesse. La salariée peut demander sa réintégration ou des dommages-intérêts, ainsi que l'indemnité de licenciement et les salaires correspondant à la période de nullité.

B. Les suites des congés de maternité et de paternité

À l'issue du congé de maternité, la salariée est réintégrée dans son emploi précédent ou dans un emploi équivalent avec tous les avantages acquis précédemment.

Depuis le 1er juillet 2021, le père dispose d'un **congé de paternité** de 25 jours calendaires (32 jours en cas de naissances multiples), auquel s'ajoute le **congé de naissance** de 3 jours (C. trav., art. L. 1225-35 et L. 1225-36). Le site Service-public.fr détaille les possibilités pour le père d'enchaîner ces deux congés.. Durant ce congé, considéré comme du temps de travail effectif (→ fiche 7), le contrat est suspendu. À l'issue du congé, le père réintègre son emploi.

LE + DE L'EXPERT

La salariée de retour d'un congé de maternité doit bénéficier des augmentations générales décidées ou perçues pendant son congé. Dans un arrêt du 14 février 2018 (n° 16-25323), la Cour de cassation a rappelé que l'employeur ne peut pas remplacer le rattrapage salarial par une prime exceptionnelle même avec l'accord de la salariée.

6 L'évolution du contrat de travail : la modification

Mots-clés

Aménagement • Modification des conditions de travail • Modification du contrat de travail

1 La modification du contrat de travail

Il n'existe pas de définition légale de la modification du contrat de travail mais la jurisprudence en fixe les contours.

Définition

Il y a **modification** du contrat de travail lorsqu'un élément du contrat considéré comme fondamental ou essentiel est modifié.

Sont considérés comme essentiels :
- la rémunération ;
- la qualification professionnelle ;
- la durée du travail ;
- le lieu de travail dans un autre secteur géographique, lorsqu'il n'y a pas de clause de mobilité ni de clause expresse relative au lieu de travail ;
- les horaires de travail lorsqu'ils font l'objet d'une clause du contrat de travail.

La modification peut être motivée par des motifs économiques (ex. : difficultés économiques), personnels ou disciplinaires.

Motifs de modification du contrat

Motif économique	Motif personnel	Motif disciplinaire
• Pour difficultés économiques • Pour mutations technologiques • Pour réorganisation afin de sauvegarder la compétitivité de l'entreprise	Nécessité d'un motif inhérent à la personne du salarié mais non disciplinaire (résultats, compétences, état de santé, etc.)	• Motivée par une ou plusieurs fautes du salarié • Rétrogradation ou mutation disciplinaire prévue au règlement intérieur

L'accord de l'employeur et du salarié est indispensable pour modifier le contrat de travail. L'employeur peut proposer la modification mais il ne peut l'imposer au salarié.

Le refus du salarié ne constitue pas en lui-même une cause réelle et sérieuse de licenciement.

2 La modification des conditions de travail

Relèvent d'une modification des conditions de travail les simples **aménagements** des conditions d'exécution du travail, non précisées dans le contrat de travail, ainsi que :

- Les éléments que l'employeur et le salarié ont contractualisés par une clause du contrat de travail (ex. : clause de mobilité), lesquels s'imposent aux parties et s'analysent comme un simple changement des conditions de travail.
- Les évolutions du contrat de travail ne présentant qu'un caractère provisoire.

La **modification des conditions de travail** relève du pouvoir de direction de l'employeur. Il s'impose au salarié qui ne peut pas le refuser sous peine d'être licencié pour faute.

L'employeur n'a pas à motiver sa décision :

- Si le salarié accepte le changement, le contrat de travail continue de produire ses effets sans formalisme particulier.
- Si le salarié refuse le changement, il s'expose au risque d'être licencié. Ce refus du salarié ne constitue pas, en lui seul, une faute grave. L'employeur doit mettre en œuvre la procédure de licenciement (➥ fiche 12).

3 La mise en œuvre de la modification du contrat de travail

Motif économique	Motif personnel	Motif disciplinaire
Une procédure légale s'impose : • L'employeur doit adresser au salarié un projet de la modification par lettre recommandée avec avis de réception. • Cette lettre doit informer le salarié qu'il dispose d'un délai d'un mois à compter de sa réception pour faire connaître sa décision d'acceptation ou de refus. À défaut de réponse, le salarié est réputé avoir accepté la modification. • En cas de refus du salarié, l'employeur peut soit renoncer à la modification, soit mettre en œuvre la procédure de licenciement pour motif économique.	L'employeur doit informer le salarié par écrit : • La demande de modification est effectuée par écrit en laissant au salarié un délai de réflexion suffisant pour répondre. • À défaut de réponse dans le délai, le salarié est réputé avoir refusé la modification. • En cas de refus, l'employeur peut renoncer à la modification ou mettre en œuvre la procédure de licenciement.	L'employeur doit respecter la procédure disciplinaire : • Le salarié est convoqué à un entretien préalable, l'entretien a lieu dans un délai suffisant, la sanction est notifiée au moins 2 jours ouvrables après l'entretien. • Si le salarié refuse la modification disciplinaire, l'employeur peut prononcer une autre sanction qui remplacera celle qui a été refusée.

4 Le transfert d'entreprise et le maintien des contrats de travail

S'il survient une modification de la situation juridique de l'employeur (ex. : succession, vente, fusion, transformation du fonds de commerce, mise en société), tous les contrats de travail en cours au jour de la modification subsistent entre le nouvel employeur et le personnel de l'entreprise.

A. Les conditions d'application de la règle

Pour que la règle s'applique, il faut réunir certaines conditions.

Quadruple condition de maintien des contrats

Un transfert d'une entité économique autonome	Une entité poursuivant un objectif propre	La poursuite de l'activité ou sa reprise et la conservation de l'identité	Un contrat de travail en cours
• Ensemble organisé de personnes et d'éléments corporels ou incorporels permettant l'exercice d'une activité. • Un acte de transfert est nécessaire. Il n'est pas nécessaire qu'il existe un lien de droit entre les deux employeurs successifs.	L'entité est définie en fonction de l'activité qu'elle exerce, des éléments d'exploitation qu'elle nécessite, d'un personnel spécialement affecté ou d'une clientèle qui lui est attachée.	• Il ne peut pas y avoir disparition de l'activité ni démembrement lors du transfert. • Il n'est pas nécessaire que l'activité poursuivie soit identique. La connexité suffit.	L'existence d'un contrat de travail en cours, non rompu, s'impose au jour de la modification de la situation juridique de l'employeur.

B. Les effets

Il faut distinguer deux types d'effets.

Effets sur le contrat de travail

Principe : transfert automatique de tous les contrats de travail en cours	Exceptions : possibilité de licenciement
• Transfert automatique des contrats de travail sans procédure particulière d'information préalable • Transfert qui s'impose à l'employeur et au salarié qui ne peuvent pas s'y opposer • Maintien de tous les contrats de travail dans tous leurs éléments • Respect par le nouvel employeur des obligations et dettes de l'ancien employeur	• Licenciement préalable au transfert possible dans les entreprises d'au moins 50 salariés licenciant au moins 10 salariés sur 30 jours : obligation de plan de sauvegarde de l'emploi (PSE). Lorsque le PSE comporte un transfert de l'entreprise nécessaire à la sauvegarde d'une partie des emplois et lorsque l'entreprise souhaite accepter une offre de reprise, le principe du maintien des contrats de travail ne s'applique que pour les emplois qui n'ont pas été supprimés à la suite des licenciements à la date d'effet du transfert. Le cessionnaire ne reprend que les salariés qui n'ont pas été licenciés par le cédant au jour du transfert. • Privation d'effet du licenciement prononcé en méconnaissance du transfert : le salarié illégalement licencié peut demander au repreneur la poursuite de son contrat de travail au repreneur ou la réparation du préjudice subi à l'auteur du licenciement. • Licenciement postérieur au transfert : le nouvel employeur peut procéder aux licenciements rendus nécessaires, sous réserve de justifier d'une cause réelle et sérieuse.

Autres effets du transfert

Transfert des usages et des engagements unilatéraux	Transfert des mandats des représentants du personnel	Absence de transferts des conventions et accords collectifs
• Opposabilité au nouvel employeur des usages et engagements unilatéraux • Procédure de dénonciation possible après le transfert	• Maintien des mandats des élus du personnel • Possibilité de réduction ou de prolongation des durées des mandats par voie d'accord entre le nouvel employeur et les syndicats représentatifs (↪ fiche 16) dans les établissements transférés	• Pour les entités entrant dans les mêmes champs d'application géographique et professionnel : poursuite des conventions et accords collectifs • Pour un nouvel employeur relevant d'une convention collective différente : maintien provisoire des conventions et accords collectifs des salariés transférés pendant 15 mois jusqu'à la conclusion d'un nouvel accord • Si un nouvel accord est conclu, applicabilité immédiate • En l'absence d'accord dans les 15 mois, applicabilité des conventions et accords collectifs du nouvel employeur (avec garantie de rémunération)

LE + DE L'EXPERT

Dans un arrêt du 31 mars 2021, la Cour de cassation a rappelé que, en cas de transfert de salariés à une entreprise, il n'y avait ni transfert du règlement intérieur de la société cédante ni possibilité de prononcer une sanction sur le fondement du règlement intérieur (↪ fiche 12) de la société cédante. Le règlement intérieur qui s'imposait avant le transfert n'est pas transféré avec les contrats de travail.

7 Le temps de travail : travail effectif et régimes particuliers

Mots-clés

Heure supplémentaire • Temps de travail effectif • Temps spécifique

1 Le temps de travail effectif

Définition

Le **temps de travail effectif** est le temps pendant lequel le salarié est à la disposition de l'employeur et se conforme à ses directives sans pouvoir vaquer à ses occupations personnelles.

Certains **temps spécifiques** comme les astreintes sont intégrés au décompte du temps de travail effectif.

Temps spécifiques

	Temps de travail effectif		Observations
	Oui	Non	
Astreinte	Dans les locaux de l'entreprise	À domicile	• Période pendant laquelle le salarié, sans être sur son lieu de travail et sans être à la disposition permanente et immédiate de l'employeur, doit être en mesure d'intervenir pour accomplir un travail de service de l'entreprise. • Doit donner lieu à une contrepartie en temps ou en repos.
Pause et repos		×	Si le salarié recouvre sa liberté, il n'est pas tenu de demeurer dans un local, ni obligé d'accomplir une tâche.
Trajet		×	• Un temps de trajet anormalement long doit faire l'objet d'une contrepartie. • Les déplacements entre deux lieux de travail pour le même employeur sont du temps de travail effectif.
Habillage/déshabillage		×	Ces temps donnent lieu à une contrepartie financière ou à un repos sous réserve qu'une tenue soit imposée sur le lieu de travail et que les salariés soient contraints de la revêtir ou de l'enlever.

2 Les durées du travail

A. La durée légale

La durée légale du travail est de 35 heures mais admet des exceptions :

- possibilité de fixer une durée d'équivalence ;
- exclusion de certains salariés (VRP, cadres-dirigeants).

B. La durée maximale quotidienne

La durée maximale quotidienne est fixée à 10 heures avec une dérogation possible par accord d'entreprise ou, à défaut, par accord de branche ou sur autorisation de l'inspection du travail en cas d'activité accrue ou pour des motifs liés à l'organisation de l'entreprise.

C. La durée maximale hebdomadaire

Le travail hebdomadaire ne doit pas excéder 48 heures sur une même semaine.

La durée maximale hebdomadaire peut être portée à 60 heures en cas de circonstances exceptionnelles, après autorisation administrative et avis du CSE.

D. La durée maximale moyenne hebdomadaire

La durée maximale moyenne hebdomadaire est fixée à 44 heures sur 12 semaines, avec les tempéraments suivants :

- elle peut être portée à 46 heures par accord d'entreprise ou de branche ;
- elle peut exceptionnellement être dépassée, dans certains secteurs, régions ou entreprises.

3 Le régime juridique des heures supplémentaires

Définition

Les **heures supplémentaires** sont les heures effectuées au-delà de la durée légale (35 heures) ou conventionnelle (si elle est inférieure à la durée légale).

A. Le cadre du décompte

Les heures supplémentaires sont évaluées dans le cadre d'une semaine civile dont le début et la fin sont fixés par accord d'entreprise ou, à défaut, par accord de branche.

B. Le paiement des heures supplémentaires

Les heures supplémentaires doivent faire l'objet d'une majoration de salaire ou d'un repos compensateur de remplacement. La majoration est fixée par accord d'entreprise (à défaut, par accord de branche). Elle ne peut être inférieure à 10 %.

À défaut, la loi prévoit :

- une majoration de 25 %, pour les 8 premières heures supplémentaires ;
- une majoration de 50 %, au-delà.

C. Le repos compensateur de remplacement

Tout ou partie du paiement des heures supplémentaires peut être remplacé par un repos compensateur de remplacement.

Il peut être prévu par un accord d'entreprise, ou à défaut, un accord de branche.

D. La limitation du nombre d'heures supplémentaires

Un contingent annuel par salarié est fixé par décret à 220 heures. Lorsqu'il est dépassé, une « contrepartie obligatoire en repos » est déclenchée selon des seuils :

- Pour un effectif inférieur ou égal à 20 salariés : 50 % des heures supplémentaires effectuées.
- Pour un effectif supérieur à 20 salariés : 100 % des heures supplémentaires effectuées.

LE + DE L'EXPERT

Les heures supplémentaires relèvent du pouvoir de direction de l'employeur. L'accomplissement des heures supplémentaires ne s'analyse pas comme une modification du contrat de travail. Par conséquent, le refus du salarié peut constituer une faute en l'absence de motif légitime et lorsque ce refus perturbe le bon fonctionnement de l'entreprise.

8 Le temps de travail : aménagement, repos et congés payés

Mots-clés

Congé payé • Convention de forfait • Travail de nuit

1 L'aménagement du temps de travail

	Mise en place par l'employeur	Mise en place par convention collective
Cadre légal	Le temps de travail est organisé sur un maximum de 9 semaines pour les entreprises de moins de 50 salariés et de 4 semaines pour les autres.	Le temps de travail est organisé sur un maximum d'une année, 3 ans si un accord de branche l'autorise.
Conséquences	• Absence de modification du contrat de travail. • Information sur les horaires au moins 7 jours à l'avance. • Majoration des heures supplémentaires si l'un de ces seuils est dépassé : 39 heures sur une semaine ou 35 heures en moyenne sur la période de référence	• En cours d'année, information préalable dans un délai raisonnable (7 jours ouvrés à défaut d'accord collectif). • Majoration des heures supplémentaires : – accomplies au-delà des limites maximales hebdomadaires fixées par l'accord ; – en fin de période, au-delà d'un quota de 1 607 heures.

2 Le travail de nuit

Définition

Le **travail de nuit** correspond au travail effectué au cours d'une période d'au moins 9 heures consécutives comprenant l'intervalle entre minuit et 5 heures du matin, commençant au plus tôt à 21 heures et finissant au plus tard à 7 heures du matin.

Caractéristiques et règles spécifiques

Mise en place	• Le travail de nuit doit être exceptionnel et motivé par la continuité de l'activité économique ou des services d'utilité sociale. • Il doit tenir compte de la santé des salariés. • Il est mis en place par accord d'entreprise ou, à défaut, de branche. L'inspecteur du travail peut également l'autoriser.

Statut	Est considérée comme travailleur de nuit toute personne dont le travail quotidien inclut au moins 3 heures de nuit, deux fois par semaine ou qui a accompli, pendant une période de référence, un nombre minimal d'heures de travail de nuit. À défaut d'accord collectif, il est d'au moins 270 heures accomplies sur une période de 12 mois consécutifs.
Protection	Le salarié est protégé en termes de durées maximales quotidiennes (8 heures) et hebdomadaires (40 heures sur 12 semaines consécutives portées à 44 heures par accord collectif), de contrepartie (repos compensateur, compensation salariale) et il bénéficie d'une protection médicale.

3 Les conventions de forfait

Définition

La **convention de forfait** est un document prévoyant une durée différente de la durée légale ou conventionnelle, sur la base d'un forfait en heures ou en jours.

Modalités des conventions de forfait

Forfait en heures sur la semaine ou le mois	• Convention écrite conclue entre l'employeur et le salarié. • Précision du nombre d'heures. • Rémunération égale à celle que le salarié recevrait, compte tenu des heures supplémentaires accomplies, s'il n'était pas au forfait.
Forfait annuel en heures	• Mise en place par accord d'entreprise ou de branche. • Conclusion d'une convention individuelle de forfait ; • Salariés autonomes et cadres dont la nature des fonctions ne les conduit pas à respecter un horaire collectif. • Application de la réglementation relative aux durées maximales de travail.
Forfait annuel en jours	• Mise en place par accord d'entreprise ou de branche. • Conclusion d'une convention individuelle de forfait. • Temps de travail calculé en jours sur l'année : 218. • Salariés autonomes dont la durée de travail ne peut être prédéterminée et cadres autonomes non soumis à un horaire particulier. • Repos quotidiens et hebdomadaires. • Durée légale hebdomadaire inapplicable, exclusion des dispositions relatives aux heures supplémentaires et aux durées maximales journalières.

Dans le cadre des conventions de forfait, l'employeur est tenu de s'assurer régulièrement que la charge de travail du salarié est raisonnable. L'accord collectif de mise en place du forfait en jours doit prévoir un suivi régulier et effectif du temps et de la charge de travail.

4 Le repos

Repos quotidien	• Sauf cas d'urgence ou nécessité d'assurer une continuité de service, tout salarié a droit à un repos quotidien d'une durée minimale de 11 heures consécutives. • Une pause de 20 minutes doit être accordée toutes les 6 heures. Ce temps ne peut être fractionné.
Repos hebdomadaire	Sauf dérogations limitativement fixées par la loi, un temps de repos de 24 heures (temps auquel s'ajoutent 11 heures de repos quotidien) doit être accordé tous les 6 jours, en principe le dimanche.
Jours fériés	• 11 jours de fêtes religieuses ou civiles non nécessairement chômés, sauf pour les mineurs et à l'exception du 1er mai. • Aucune perte de salaire pour les salariés ayant au moins 3 ans d'ancienneté. • Absence d'obligation légale de majoration de rémunération pour les salariés qui travaillent ces jours-là.

5 Les congés payés

Tout salarié a droit à 2,5 jours de **congés payés** par mois de travail effectif (↪fiche 7) sur une période de référence. À défaut d'accord collectif, celle-ci s'étend du 1er juin au 31 mai de l'année suivante.

Sont assimilées à un mois de travail effectif :

- les périodes équivalant à 4 semaines ou 24 jours de travail ;
- certaines périodes d'absence, pour la détermination des congés (congés payés, congés de maternité, de paternité et d'adoption) ou des contreparties en repos (congés pour maladie ou accident professionnel, congé-formation).

A. La période de congé

Pour les congés payés, la période est comprise entre le 1er mai et 31 octobre de chaque année. Le salarié doit bénéficier d'au moins 12 jours ouvrables durant cette période.

La durée du congé pris en une fois ne peut excéder 24 jours, sauf dérogation.

B. Le prise des congés

Un accord d'entreprise ou, à défaut, un accord de branche, fixe la période de congés, l'ordre des départs et les délais que doit respecter l'employeur s'il souhaite modifier l'ordre et les dates de départ. À défaut, l'employeur les définit, après avis éventuel du CSE.

En cas de fractionnement des congés :

- la cinquième semaine est forcément détachée ;
- si le salarié prend 3 à 5 jours ouvrables en dehors de la période légale, il a droit à un jour de congé supplémentaire ;
- s'il prend plus de 5 jours en dehors de cette période, il a droit à 2 jours de congés supplémentaires.

C. L'indemnité de congés payés

Les congés payés ouvrent droit à une indemnité selon deux modes de calcul :

- 1/10 de rémunération brute totale perçue par le salarié durant la période de référence ;
- le maintien de salaire, c'est-à-dire la rémunération que le salarié aurait perçue s'il avait travaillé.

On retient toujours le mode de calcul le plus avantageux pour le salarié.

LE + DE L'EXPERT

Dans un arrêt du 21 septembre 2017, la Cour de cassation a jugé que, « eu égard à la finalité qu'assigne aux congés payés annuels la directive 2003/88/CE du Parlement européen concernant certains aspects de l'aménagement du temps de travail, lorsque le salarié s'est retrouvé dans l'impossibilité de prendre ses congés payés annuels au cours de l'année [...] en raison d'absences liées à une maladie, un accident du travail ou une maladie professionnelle, les congés payés acquis doivent être reportés après la date de reprise du travail, ou, en cas de rupture, être indemnisés ».

9 La rémunération du salarié

Mots-clés

Bulletin de salaire • Égalité hommes-femmes • Non-discrimination • Privilège • Salaire brut • Salaire de base • Salaire net • Smic

1 Les éléments du salaire

Définition

Le salaire de base est la rémunération que l'employeur doit verser en contrepartie du travail fourni, en fonction de l'emploi occupé et en application du contrat de travail.

Outre le salaire de base, la rémunération peut comprendre d'autres éléments :

- Les avantages en nature, prestations fournies gratuitement ou moyennant une participation du salarié inférieure à la valeur réelle des prestations.
- Les pourboires, sommes correspondant au service, remises par les clients ou perçues par l'employeur sous forme d'un pourcentage sur la note du client. Les montants doivent être intégralement reversés aux salariés.
- Les primes, obligatoires si elles résultent d'un accord collectif de branche ou d'entreprise, d'un usage ou d'une décision de l'employeur.
- Les gratifications, libéralités qui interviennent à la discrétion de l'employeur. Elles ne revêtent, en principe, pas le caractère d'un élément de salaire.

2 Les modalités de détermination du salaire

Le principe veut que la détermination du salaire entre les parties au contrat (Conseil constitutionnel, 11 juin 1963) soit libre mais dans certaines limites :

- La valeur du Smic. Il garantit aux salariés leur pouvoir d'achat et une participation au développement économique de la nation. Il est régulièrement revalorisé.
- L'existence de *minima* conventionnels. Ils sont issus des grilles de qualification négociées par les partenaires sociaux.
- L'égalité de rémunération. Selon le principe « à travail égal, salaire égal », l'égalité hommes-femmes et la non-discrimination sont des principes fondateurs. Les différences de rémunération doivent reposer sur des éléments objectifs et contrôlables.

3 Les mesures de protection du salaire

A. À l'égard des créanciers de l'employeur

Les salariés disposent, vis-à-vis de leur employeur, de deux types de privilèges.

Privilèges des salariés

Privilège général	• Garantie des rémunérations des 6 derniers mois et indemnités (congés payés, fin de CDD). • Les salariés peuvent prélever l'intégralité de leur créance sur la somme obtenue de la vente des biens de l'employeur avant les autres créanciers (4e rang pour les meubles, 2e rang pour les immeubles).
Super-privilège	• Garantie des rémunérations des 60 derniers jours de travail. • Le salarié prime sur tous les autres créanciers en cas de procédure de sauvegarde, de redressement ou de liquidation judiciaires.

La loi oblige les employeurs à s'assurer contre leur insolvabilité en souscrivant à une assurance patronale auprès de l'Association pour la gestion du régime de garantie des créances des salariés (AGS).

B. À l'égard des créanciers du salarié

Compte tenu de son caractère alimentaire, le salaire ne peut être que partiellement saisi par les créanciers. La fraction saisissable s'obtient en appliquant un barème qui tient compte des personnes à charge. La rémunération retenue est le salaire et ses accessoires dont on retranche les cotisations et contributions.

Le prélèvement s'applique au montant net imposable. Les montants prélevés pour chaque salarié sont déclarés et transmis à l'administration fiscale.

4 Le bulletin de salaire

A. Les mentions obligatoires du bulletin de salaire

L'employeur doit accompagner le paiement du salaire par la remise d'un **bulletin de salaire** établi en euros. Ce dernier contient nombre de dispositions obligatoires.

Liste des mentions obligatoires

- Nom et adresse de l'employeur (éventuellement désignation de l'établissement dont dépend le salarié)
- Numéro de nomenclature d'activité de l'établissement d'emploi (code APE ou NAF)
- Convention collective de branche applicable au salarié ou, à défaut, référence au code du travail concernant la durée des CP et les préavis en cas de cessation de la relation de travail
- Nom et emploi du salarié, position dans la classification conventionnelle (niveau ou coefficient hiérarchique)
- Période et nombre d'heures de travail (heures au taux normal et heures supplémentaires avec taux afférents)
- Nature et volume du forfait (forfait hebdomadaire ou mensuel en heures, ou forfait annuel en heures ou en jours)
- Nature de la base de calcul du salaire lorsque, par exception, cette base de calcul n'est pas la durée du travail
- Nature et montant des accessoires de salaire soumis aux cotisations sociales et patronales

- Rémunération brute du salarié
- Montant et assiette des cotisations et contributions sociales à la charge de l'employeur et du salarié avant déduction des exonérations et exemptions
- Taux des cotisations et contributions sociales à la charge du salarié avant déduction des exonérations et exemptions
- Nature et montant des autres versements et retenues (notamment prise en charge des frais de transport domicile-travail)
- Montant effectivement perçu par le salarié
- Date de paiement
- Dates de congé et montant de l'indemnité de CP, lorsqu'une période de congé annuel est comprise dans la période de paie considérée
- Montant des cotisations de protection sociale et montant des exonérations et exemptions de cotisations et contributions sociales
- Montant total versé par l'employeur (rémunération brute versée au salarié, cotisations et contributions à la charge de l'employeur, déduction faite des exonérations et allégements de charges sociales)
- Montant correspondant à l'évolution de la rémunération liée à la suppression des cotisations chômage et maladie
- Mention de la rubrique dédiée au bulletin de paie sur le portail www.service-public.fr
- Mention incitant le salarié à conserver son bulletin de paie sans limitations de durée

B. Le bulletin de salaire simplifié

Un modèle simplifié de bulletin présente les principales mentions.

5 La remise du bulletin de salaire et sa force probante

A. La remise du bulletin de salaire

L'employeur remet en main propre ou par voie postale un bulletin de salaire lors du versement de la rémunération. Ce bulletin peut être délivré sous forme électronique sauf opposition du salarié. Il existe des exceptions à la fourniture d'un bulletin de salaire :

- un « titre emploi service entreprise » (Tese) peut être utilisé par les très petites entreprises (TPE) comptant au plus 9 salariés et les entreprises qui emploient des salariés dont l'activité n'excède pas 700 heures de travail ou 10 jours au cours de l'année civile ;
- un « chèque emploi associatif » pour les associations employant au plus 9 salariés.

B. La conservation du bulletin de salaire

Les doubles des bulletins de salaires sont conservés par l'employeur dans l'entreprise.

Durées de conservation

Code du travail	5 ans
Législation fiscale	6 ans
Entreprises commerciales	10 ans
Caisses de retraite complémentaire	Absence de délai mais exigence de présentation des documents permettant de déterminer les droits à la retraite

C. La force probante du bulletin de salaire

Pour l'employeur, le bulletin de salaire ne constitue qu'un indice dont il devra prouver le paiement.

Pour le salarié, l'acceptation sans protestation ni réserve ne vaut pas renonciation à des réclamations ou recours. Il peut néanmoins se prévaloir des informations contenues dans le bulletin de salaire.

6 Les salaires brut et net : lien avec la protection sociale

Définitions

- Le **salaire brut** correspond à l'intégralité des sommes payées par l'employeur au titre du contrat de travail du salarié, avant toute déduction de cotisations obligatoires.
- Le **salaire net** de prélèvements sociaux est le salaire effectivement perçu par le salarié.

Salaire brut – Cotisations et contributions sociales = Salaire net

Éléments et montants associés

- Salaire de base pour *x* heures
- Heures supplémentaires
- Heures majorées (travail de nuit)
- Nature et volume du forfait (salariés au forfait)
- Primes et indemnités soumises à cotisation
- Avantages en nature
- Indemnisation des congés payés pris

= Salaire brut

Cotisations et contributions sociales	Base	Taux salarial	Part salariale	Part patronale
Santé	Brut			×
Accident du travail et maladie professionnelle	Brut			×
Retraite	PMSS + Brut			
Famille (uniquement patronale)	Brut			×
Assurance-chômage CSG déductible	4 PMSS		×	×
CSG/CRDS non déductible	98,25 % du brut + Prévoyance patronale		×	×

Cotisations et contributions sociales	Base	Taux salarial	Part salariale	Part patronale
– Total des cotisations et contributions			×	×
+ Remboursement des transports				
– Éventuelles retenues				
= Net à payer avant impôt				
– Impôt sur le revenu prélevé à la source	Base	Taux	Montant	
= Total versé par l'employeur				

PMSS : plafond mensuel de la Sécurité sociale

LE ✚ DE L'EXPERT

Certaines indemnités ne revêtent pas le régime juridique de salaire car elles compensent des frais professionnels engagés par les salariés (transport, déplacement…) ou le dédommagent (indemnité de licenciement, dommages-intérêts). En revanche, le régime juridique de salaire est reconnu à d'autres indemnités (préavis, congés payés, etc.).

10 La formation du salarié : cadre général et obligations de l'employeur

Mots-clés

BDES • CSE • Formation • Obligation d'adaptation

1 Le cadre général et les acteurs de la formation

Définition

La **formation** vise à faciliter l'emploi et l'adaptation aux métiers.

Tout salarié dispose d'un droit à la formation tout au long de sa vie. L'employeur doit assurer l'adaptation de ses salariés à leur poste de travail. La loi pour la Liberté de choisir son avenir professionnel du 5 septembre 2018 a refondu le système de formation professionnelle.

Les principaux acteurs de la formation sont :

- L'Union de recouvrement des cotisations sociales et d'allocations familiales (Urssaf), organisme privé chargé d'une mission de service public, qui assure la redistribution et la péréquation des fonds dédiés à la formation entre les collectivités territoriales.
- France Compétences, organisme national chargé du financement, de la régulation, de la certification professionnelle et d'un rôle consultatif.
- Les opérateurs de compétences (Opco) chargés de conseiller les branches, d'analyser les besoin des entreprises et salariés et de financer ces besoins.
- La Caisse des dépôts et consignations (CDC) gère les ressources financières et la mise en œuvre du compte personnel de formation (CPF).

2 Les obligations de l'employeur

A. L'obligation de financement

Les entreprises doivent contribuer à la formation des salariés sous plusieurs formes.

Contribution de l'employeur à la formation des salariés

Contribution à la formation professionnelle	Entreprises de moins de 11 salariés	0,55 % de l'assiette des cotisations de la sécurité sociale
	Entreprises de 11 salariés et plus	1 % de l'assiette des cotisations de sécurité sociale
Contribution CPF-CDD	Financement du compte personnel de formation des titulaires d'un CDD : 1 % de l'assiette des cotisations de sécurité sociale.	

Taxe d'apprentissage	• 0,68 % sur les rémunérations assujetties à cotisations sociales. Exonération notamment des entreprises accueillant au moins un apprenti ayant une base annuelle d'imposition inférieure à 6 Smic annuels. • 83 % de la taxe est destinée au financement de l'apprentissage.
Contribution supplémentaire à l'apprentissage	• Entreprise d'au moins 250 salariés dont le quota d'apprentis est inférieur à 5 % de l'effectif. • Les salariés embauchés en CDI après un contrat d'apprentissage ou de professionnalisation sont exclus du quota.

B. La mise en œuvre des formations

L'employeur est tenu d'une **obligation d'adaptation** des salariés aux évolutions de l'emploi qui s'inscrit dans le cadre de l'obligation d'exécution du contrat de travail de bonne foi :

- Un entretien professionnel a lieu tous les 2 ans pour apprécier l'évolution des compétences professionnelles des salariés et favoriser leur progression.
- Tous les 6 ans, l'entretien est l'occasion d'effectuer un bilan professionnel et de vérifier que le salarié a suivi au moins une formation, a bénéficié d'une progression salariale ou professionnelle et a développé des éléments de certification ou de VAE (↪ fiche 11).

L'employeur est tenu d'informer le **CSE** (↪ fiches 13 et 17) sur la formation *via* la base de données économiques et sociales (**BDES**).

LE + DE L'EXPERT

Depuis 2022, les fonds sont collectés par les Urssaf qui les reversent ensuite à France Compétences. Celle-ci répartit ensuite ces fonds entre les Opco, les régions et les autres intervenants.

11 La formation du salarié : gestion des compétences et financement

Mots-clés

CPF • CTP • PDC • VAE

1 Le plan de développement des compétences (PDC)

Définition

Le PDC est un outil de l'employeur pour répondre à ses obligations et objectifs stratégiques de gestion des compétences.

Le PDC concerne toutes les entreprises, quelle que soit leur taille. Il est établi par l'employeur qui définit les formations utiles pour l'entreprise, les salariés concernés et les modalités de mise en œuvre.

Contenu du plan de développement des compétences

Contenu	• Actions obligatoires de formation des salariés qui conditionnent l'exercice d'une activité ou d'une fonction en application d'une convention internationale ou de dispositions légales et réglementaires. • Actions de développement des compétences des salariés.		
Accès des salariés aux actions de formation	• Ouverture à tous les salariés. • Assimilation du départ en formation à l'exécution normale du contrat de travail. Refus d'une formation inscrite dans le plan équivalent à une faute professionnelle. • Initiative possible du salarié, liberté de l'employeur.		
Formation et temps de travail	**Formation obligatoire**	Formation sur le temps de travail, maintien de la rémunération.	
	Formation non obligatoire	Pendant le temps de travail	Formation assimilée à du temps de travail effectif.
		En dehors du temps de travail	• En présence d'accord collectif : précision du temps maximum de formation en dehors des heures de travail et une compensation pour la garde des enfants. • En l'absence de dispositions conventionnelles : – exigence d'un écrit avant le départ ; – maximum de 30 heures/an/salarié ou 2 % du forfait annuel.

2 Le compte personnel de formation (CPF)

Définition

Le **CPF** est un compte ouvert pour toute personne, à partir de ses 16 ans, dès son entrée sur le marché du travail (en tant que salarié ou demandeur d'emploi) ainsi qu'aux titulaires d'un contrat d'apprentissage dès 15 ans.

Le CPF est automatiquement fermé lorsque la personne fait valoir ses droits à la retraite (↪ fiche 15).

Fonctionnement du CPF

<table>
<tr><td>Alimentation du CPF</td><td colspan="2">• Alimentation annuelle dans la limite d'un plafond.
• Abondement en euros.</td></tr>
<tr><td>Droits acquis au titre du CPF</td><td colspan="2">• Portabilité tout au long de la vie professionnelle, quel que soit le statut de la personne (emploi ou chômage).
• Droits illimités au cours d'un contrat de travail ou en situation de recherche d'emploi.
• Mise en œuvre des formations sanctionnées par des qualifications ou certifications inscrites au RNCP, mais aussi d'autres actions (ex. : VAE, bilan de compétences, permis de conduire).</td></tr>
<tr><td rowspan="3">Mobilisation du CPF</td><td>Demande</td><td>Initiative du salarié</td></tr>
<tr><td>Formation pendant le temps de travail</td><td>• Formation < 6 mois : demande effectuée 60 jours calendaires avant le début de la formation.
• Formation > 6 mois : demande effectuée 120 jours calendaires avant le début de la formation.
• Réponse de l'employeur dans les 30 jours calendaires. Valeur d'acceptation de l'absence de réponse.</td></tr>
<tr><td>Formation hors du temps de travail</td><td>Accord de l'employeur non nécessaire.</td></tr>
<tr><td>Prise en charge</td><td colspan="2">Possibilité d'intégration des frais annexes (transport, hébergement).</td></tr>
</table>

3 Le projet de transition professionnelle (PTP)

Définition

Remplaçant du CIF, le **PTP** vise à organiser et à financer les formations de reconversion des salariés.

Conditions et demandes de prise en charge

Conditions exclusives	• Au moins 24 mois, consécutifs ou non, dont 12 dans la même entreprise, quelle que soit la nature des contrats successifs. • Une activité d'au moins 24 mois, consécutifs ou non, quelle que soit la nature des contrats successifs au cours des 5 dernières années dont 4 mois consécutifs ou non, sous CDD, au cours des 12 derniers mois.
Demande	• Conditions et délais. En cas d'interruption de travail : – de moins de 6 mois : demande adressée 60 jours calendaires avant le début de la formation ; – de plus de 6 mois : demande adressée 120 jours calendaires avant le début de la formation. • Réponse de l'employeur. Délai de 30 jours pour répondre par écrit (à défaut, accord présumé) : – motifs de refus : non-respect des conditions ou salarié ayant bénéficié d'un CTP depuis moins de 10 fois la durée de son congé initial (en mois) ; – motifs de report : départ préjudiciable à la production et à la marche de l'entreprise (report maximum de 9 mois sur avis du CSE) ; plus de 2 % de l'effectif total (établissements de 100 salariés ou plus) ou plus d'un salarié absent simultanément (entreprises de moins de 100 salariés) au titre du CTP.
Demande et prise en charge financière	• Envoi par le salarié d'un document formalisé proposant un parcours de formation et un devis, à la commission paritaire interprofessionnelle régionale (CPIR) de son lieu de résidence ou de son lieu de travail avec accord de l'employeur. • Prise en charge des frais pédagogiques et de dossier, de transport, de repas et d'hébergement, de la rémunération du salarié et des cotisations et contributions sociales liées à la formation. Financement par les droits du CPF, complétés par France Compétences. • Maintien de la rémunération du salarié sous conditions d'assiduité.

4 La validation des acquis de l'expérience (VAE)

Définition

La **VAE** est une procédure qui permet à une personne engagée dans la vie active d'obtenir une certification professionnelle par la validation de son expérience acquise dans le cadre d'une activité professionnelle ou extra-professionnelle.

Modalités de la VAE

Conditions	• Ouverture à toute personne, quels que soient son âge, sa nationalité, son statut et son niveau de formation. • Il n'est plus nécessaire d'avoir un an d'ancienneté (consécutif ou non), en rapport direct avec la certification visée (loi du marché du travail du 21/12/2022). • Certification (diplôme ou titre) inscrite au RNCP.
Demande	• Dossier élaboré avec l'aide d'un centre de conseil sur la VAE et est envoyé à l'autorité responsable de la certification. • Vérification par un jury de l'expérience acquise. • Droit à congé de 48 heures en cas de validation de la demande de VAE pendant le temps de travail.
Issue	• Validation totale : lorsque toutes les conditions sont réunies. • Validation partielle : le jury précise la nature des compétences, aptitudes et connaissances soumises à un contrôle complémentaire. • Refus : lorsque les compétences, les aptitudes et les connaissances ne sont pas satisfaisantes.
Prise en charge financière	Soumission de la prise en charge à la vérification de l'inscription de la certification au RNCP et à la recevabilité de la demande par l'organisme certificateur.

LE + DE L'EXPERT

Le plafond du CPF s'établit, depuis le 1er janvier 2019 :

- pour les salariés ayant cumulé une durée de travail supérieure ou égale à la moitié de la durée légale ou conventionnelle du travail sur l'année, à 500 €/an plafonnés à 5 000 € ;
- pour les autres salariés, au prorata de la durée du travail effectuée dans l'année.

12 Les pouvoirs de l'employeur et les libertés des salariés

Mots-clés

Discrimination directe • Discrimination indirecte • Faute • Liberté d'expression • Liberté religieuse • Pouvoir de direction • Pouvoir réglementaire et disciplinaire • Règlement intérieur • Sanction • Vie privée

1 Le pouvoir réglementaire de l'employeur

Le pouvoir de direction de l'employeur s'exprime par le **règlement intérieur**, qualifié d'« acte réglementaire de droit privé ».

Définition

Le **règlement intérieur** est un acte unilatéral de l'employeur dans lequel il fixe les règles relatives à la santé et à la sécurité et les règles générales et permanentes relatives à la discipline applicables dans l'entreprise.

A. Les obligations légales

Le règlement intérieur doit être mis en place dans les entreprises d'au moins 50 salariés dès lors que cet effectif a été atteint pendant 12 mois consécutifs.

L'employeur élabore le règlement intérieur, le soumet pour avis au CSE (↳fiches 13 et 17), le transmet à l'inspecteur du travail et le dépose au conseil de prud'hommes. L'employeur porte le règlement à la connaissance des salariés. Il entre en vigueur un mois après l'accomplissement de ces formalités.

B. Le contenu du règlement intérieur

Clauses autorisées	• Mesures d'application de la réglementation en matière de santé et de sécurité dans l'entreprise ou l'établissement • Règles relatives à la discipline, notamment la nature et l'échelle des sanctions • Droits de la défense des salariés relatifs notamment au harcèlement moral et sexuel et aux comportements sexistes
Clauses encadrées	• Clauses de neutralité : dispositions inscrivant le principe de neutralité et restreignant les manifestations des convictions des salariés si ces restrictions sont justifiées par l'exercice d'autres libertés et droits fondamentaux ou par la nécessité du bon fonctionnement de l'entreprise ou si elles sont proportionnées au but recherché. • Certaines dispositions relatives à la surveillance des salariés, au contrôle de leur état d'ébriété, à la fouille de leurs biens personnels lorsqu'elles sont justifiées par la nature de la tâche et proportionnées au but recherché.
Clauses interdites	• Dispositions contraires aux lois, aux règlements et aux conventions et accords collectifs de travail • Dispositions apportant des restrictions aux libertés individuelles et collectives, non justifiées par la nature de la tâche ni proportionnées au but recherché. • Clauses discriminatoires

C. Le contrôle du règlement intérieur

L'inspecteur du travail peut exiger la suppression, l'adjonction ou la modification d'une clause du règlement intérieur. Sa décision peut faire l'objet d'un recours hiérarchique (devant la Dreets) ou contentieux (devant le tribunal administratif) dans les 2 mois à compter de la notification de la décision à l'employeur.

Le conseil de prud'hommes peut écarter l'application d'une disposition du règlement intérieur jugée illicite dans le cadre d'un conflit individuel du travail. Le tribunal judiciaire (TJ) peut apprécier la validité d'une clause du règlement intérieur et l'annuler s'il l'estime illicite.

2 Le pouvoir disciplinaire de l'employeur

Le pouvoir disciplinaire est mis en œuvre par l'employeur à la suite d'un comportement du salarié que l'employeur considère comme fautif.

A. La faute

Définition

La **faute** est un agissement du salarié considéré par l'employeur comme fautif, une violation d'une obligation contractuelle par le salarié, qui peut donner lieu à sanction.

La jurisprudence distingue différents degrés de gravité de la faute commise par le salarié :

- La faute sérieuse ou simple, manquement aux obligations contractuelles du salarié qui ne présente pas un caractère de gravité suffisant pour imposer la cessation immédiate de la relation de travail.
- La faute grave, violation des obligations découlant du contrat de travail, qui par son importance, rend impossible le maintien du salarié dans l'entreprise.
- La faute lourde impliquant une intention de nuire à l'entreprise ou à l'employeur avec la possibilité d'engager la responsabilité du salarié pour réparer le préjudice subi. Le maintien de la relation de travail est impossible.

B. Les sanctions

Les sanctions vont de l'avertissement au licenciement en passant par le blâme, la mise à pied, la mutation et la rétrogradation. Les sanctions discriminatoires et pécuniaires sont interdites et la sanction doit être prévue dans le règlement intérieur.

Définition

Constitue une **sanction** toute mesure autre que des observations verbales prise par l'employeur et de nature à affecter, immédiatement ou non, la présence du salarié dans l'entreprise, sa fonction, sa carrière ou sa rémunération.

Un salarié ne peut être sanctionné deux fois pour la même faute. Aucun fait fautif ne peut donner lieu à l'engagement d'une procédure disciplinaire au-delà de 2 mois à compter du jour où l'employeur a eu connaissance des faits reprochés au salarié. L'employeur peut cependant prendre en considération les sanctions prononcées moins de 3 ans avant les faits commis pour engager des poursuites.

Procédures disciplinaires à respecter par l'employeur

Procédure simplifiée (ou allégée)	Lorsque la sanction est légère ou mineure c'est-à-dire qu'elle n'affecte pas la présence du salarié dans l'entreprise, sa fonction, sa carrière ou sa rémunération. Le salarié est informé par écrit des griefs retenus contre lui et de la sanction prononcée (ex. : avertissement).
Procédure lourde	Lorsque la sanction envisagée est plus lourde (mise à pied, rétrogradation, mutation, licenciement), l'employeur doit : – convoquer le salarié à un entretien préalable. Un délai suffisant doit être laissé au salarié pour lui permettre de préparer sa défense ou de se faire assister ; – prévoir un entretien avec exposé des faits reprochés et de la sanction envisagée ; – notifier la sanction par écrit au moins 2 jours ouvrables après l'entretien et pas plus d'un mois.

C. Le contrôle judiciaire

Le salarié qui conteste la sanction prise par l'employeur peut saisir le conseil de prud'hommes dans les 2 ans de la sanction.

3 L'articulation entre les pouvoirs de l'employeur et les libertés des salariés

L'employeur ne peut apporter aux droits fondamentaux des salariés et à leurs libertés individuelles et collectives que des restrictions qui seraient justifiées par la nature de la tâche à accomplir et proportionnées au but recherché.

A. La vie privée du salarié

Pendant et au temps du travail, le salarié a droit au respect de l'intimité de sa **vie privée**.

Les courriers et mails personnels sont protégés par le secret des correspondances, sauf risques particuliers de sécurité.

L'employeur peut surveiller et contrôler l'utilisation des outils informatiques mis à la disposition du salarié et consulter les fichiers et mails présumés professionnels. Il peut mettre en place un système de badge du personnel après en avoir informé les salariés et le CSE. Il peut évaluer le travail des salariés. Il peut imposer une tenue de travail lorsqu'une telle disposition est justifiée par la nature de la tâche à accomplir et proportionnée au but recherché.

B. La liberté d'expression

Le salarié jouit de la **liberté d'expression** dans et hors de l'entreprise. Des restrictions peuvent être apportées à sa liberté à condition qu'elles soient justifiées par la nature de la tâche à accomplir et proportionnées au but recherché.

C. La liberté religieuse

Le salarié peut exprimer ses convictions religieuses sous réserve de ne pas porter atteinte au fonctionnement de l'entreprise mais il doit se garder de tout prosélytisme dans l'entreprise. Ses croyances ne peuvent justifier un traitement particulier. L'employeur peut apporter des restrictions à la **liberté religieuse** si elles sont justifiées par la nature de la tâche à accomplir et proportionnées au but recherché.

4 Les pouvoirs de l'employeur et le principe de non-discrimination

A. Le principe de non-discrimination

Aucun salarié ne peut être sanctionné ni licencié, ni faire l'objet de mesure de discrimination.

Définitions

- La **discrimination directe** est la situation dans laquelle une personne est traitée de manière moins favorable qu'une autre, alors qu'elles sont dans des situations comparables sur le fondement ou au motif d'un des critères interdits par la loi (sexe, race, mœurs, santé, handicap...).
- La **discrimination indirecte** repose sur une disposition ou sur une mesure neutre en apparence mais susceptible d'entraîner un désavantage particulier pour des personnes par rapport à d'autres et qui conduit à traiter défavorablement une personne ou un groupe selon un critère interdit par la loi.

La victime bénéficie d'une procédure de preuve simplifiée : elle présente les éléments de faits laissant supposer l'existence d'une discrimination. Le défendeur doit prouver par tous les moyens que sa décision est justifiée par des éléments objectifs étrangers à toute discrimination.

Sanctions civiles des discriminations	Sanctions pénales
• Annulation de la mesure discriminatoire et versement de dommages-intérêts • Prescription de l'action : 5 ans • Juridiction compétente : conseil de prud'hommes	• 3 ans d'emprisonnement et 45 000 € d'amende • Prescription de l'action : 6 ans (délit) • Juridiction saisie : tribunal correctionnel

B. Le harcèlement

Les textes légaux assimilent le harcèlement à une discrimination. Le régime de la preuve est identique.

Harcèlement moral	Harcèlement sexuel
• Agissements répétés ayant pour objet ou pour effet une dégradation des conditions de travail susceptibles de porter atteinte aux droits et à la dignité, d'altérer la santé physique ou mentale ou de compromettre l'avenir professionnel d'un salarié. • Auteurs : employeur, supérieur hiérarchique, collègue.	• Propos ou comportements à connotation sexuelle ou sexiste répétés qui portent atteinte à la dignité de la personne en raison de leur caractère dégradant ou humiliant ou qui créent à son encontre une situation intimidante, hostile ou offensante. • Victimes : salariés, stagiaires, apprentis, candidats.

LE + DE L'EXPERT

La Cour de cassation a admis, dans un arrêt du 30/09/2020 (pourvoi n° 19-12.058), le licenciement d'un salarié s'appuyant sur les éléments extraits d'un compte privé Facebook du salarié. Selon la Haute Juridiction, il n'y avait pas déloyauté dans l'administration de la preuve et l'atteinte à la vie privée n'était pas disproportionnée au but recherché. Pour la jurisprudence, la persistance d'un comportement fautif permet de sanctionner un salarié pour des faits datant de plus de deux mois (Arrêt de la Cour de cassation du 28/09/22 n°21-13034).

13 Les pouvoirs de l'employeur et la protection de la santé et de la sécurité des salariés

Mots-clés

Droit de retrait • Faute inexcusable • Faute intentionnelle • Obligation d'alerte • Obligation de moyens • Obligation générale de sécurité • Prévention des risques

1 Les obligations de l'employeur en matière de sécurité des salariés

A. L'obligation générale de sécurité

La loi impose à l'employeur de prendre toutes les mesures nécessaires pour assurer la sécurité et protéger la santé physique et mentale de ses salariés. Il est tenu, quel que soit l'effectif de son entreprise, à une **obligation générale de sécurité**.

Avant 2015, l'obligation de sécurité de l'employeur était automatiquement une obligation de résultat	Actuellement, l'obligation de sécurité peut être une obligation de moyens renforcée, sous conditions
Pour les juges, l'accident du travail ou la maladie professionnelle résultait d'une faute inexcusable de l'employeur lorsque ce dernier avait (ou aurait dû avoir) conscience du danger encouru par les salariés et qu'il n'avait pas agi dans le sens de la prévention. L'employeur devait alors indemniser le préjudice subi par le salarié.	La jurisprudence considère que, en cas d'accident du travail ou de maladie professionnelle, l'employeur n'est pas responsable des risques professionnels survenus s'il peut justifier et démontrer qu'il a pris toutes les mesures de prévention nécessaires à la sécurité ou à la santé des salariés.

B. La mise en œuvre de la prévention des risques

La loi impose à l'employeur d'engager pour les salariés de l'entreprise des actions de **prévention des risques professionnels** et de prendre des mesures destinées à les éviter. Il doit élaborer un document unique d'évaluation des risques professionnels (DUERP) qui répertorie l'ensemble des risques professionnels auxquels les salariés sont exposés. Il doit assurer la traçabilité collective de ces expositions. Le DUERP doit être mis à jour au moins une fois par an dans les entreprises d'au moins 11 salariés. Dans les entreprises d'au moins 50 salariés, le CSE est consulté sur le DUERP et ses mises à jour.

À partir du DUERP, l'employeur doit mettre en œuvre :

- des actions de prévention (ex. : prévention des incendies, des explosions) ;
- des actions de formation et d'information des travailleurs (ex. : instructions, précautions) ;
- une organisation et des moyens adaptés (ex. : propreté constante du lieu de travail).

C. Obligation générale d'information et de formation à la sécurité au travail

L'employeur doit veiller en permanence à limiter le niveau des risques de l'activité de l'entreprise. Pour y parvenir, il doit informer et former son personnel.

Obligations de sécurité de l'employeur

Obligation d'information	• L'employeur est tenu d'assurer une information des salariés sur les risques pour la santé et la sécurité et sur les mesures prises pour y remédier. Cette information est dispensée lors de l'embauche et à chaque fois que cela est nécessaire. • Par affichage ou organisation de réunions.
Obligation générale de formation à la sécurité	• **Salariés concernés**. L'employeur est tenu d'organiser une formation pratique et appropriée en matière de sécurité pour les salariés qu'il embauche (en CDI, en CDD ou en intérim) ou pour ceux qui changent de poste. • **Formation renforcée**. La formation à la sécurité est renforcée pour les salariés précaires affectés à des postes présentant des risques particuliers. • **Consultation préalable**. Le CSE doit obligatoirement être consulté sur les programmes de formation. Il veille à leur mise en œuvre effective. • **Formation en santé et sécurité des élus du CSE et pour les membres de la CSSCT**. Tous les élus du CSE, membres ou non d'une CSSCT, bénéficient d'une formation d'une durée minimale de formation (5 jours lors du premier mandat et en cas de renouvellement 3 jours).

D. Sanctions pénales en cas de non-respect des règles

Le simple constat de la violation des règles de santé et de sécurité suffit à caractériser l'infraction, même en l'absence d'accident du travail. La faute personnelle du chef d'entreprise est exigée. L'employeur commet une faute lorsqu'il ne donne pas les consignes ou les moyens nécessaires. L'employeur ou son délégataire encourt une amende de 10 000 € lorsqu'il méconnaît les dispositions relatives à la santé au travail.

Responsabilités partagées

Chef d'entreprise ou employeur	Délégataire
Il est pénalement responsable et encourt des sanctions pénales lorsqu'une faute personnelle a été relevée à sa charge.	Pour que la délégation soit valable, il faut qu'elle ait été acceptée par le préposé et qu'il soit pourvu de la compétence, des pouvoirs et de l'autorité nécessaires pour l'exercer. Le délégataire encourt la sanction pénale mais le juge peut mettre tout ou partie de l'amende à la charge de l'employeur si l'employeur personne physique a participé à l'infraction, s'il a commis une faute distincte de celle du délégataire ou lorsque le délégataire, qui a commis une faute d'imprudence en lien avec le dommage subi par la victime, agissait pour le compte de l'entreprise.

En cas d'accident du travail ayant occasionné des blessures ou le décès du salarié, l'employeur peut être poursuivi pénalement pour :

- mise en danger d'autrui (infraction punie d'une amende de 15 000 € et d'un emprisonnement d'un an) ;

- atteinte à l'intégrité physique (infraction punie d'une amende de 15 000 € et d'un emprisonnement d'un an lorsque l'incapacité est inférieure à 3 mois) ;
- homicide involontaire (délit puni d'une amende de 45 000 € et d'un emprisonnement d'un an).

L'employeur peut être poursuivi en tant que :
- personne physique, lorsqu'il est le chef d'entreprise et que sa responsabilité pénale pour infraction aux règles de santé et de sécurité des salariés est mise en œuvre ;
- personne morale, lorsque l'infraction a été commise pour son compte.

E. Sanctions civiles en cas d'inobservation des règles

En cas d'accident du travail ou de maladie professionnelle, l'employeur qui n'a pas pris les mesures nécessaires pour préserver la santé ou la sécurité des salariés peut être condamné par le tribunal judiciaire pour **faute inexcusable**. Le salarié a alors droit à une indemnisation complémentaire. L'employeur peut s'exonérer de sa responsabilité en prouvant qu'il a pris toutes les mesures de prévention prévues par la loi. La **faute intentionnelle** se traduit par un acte ou une omission commis avec une intention délibérée de causer un dommage corporel ou psychologique. Le salarié a droit à une réparation intégrale du préjudice subi.

2 Les obligations et droits du salarié en matière de santé et de sécurité au travail

A. L'obligation de sécurité des salariés

Chaque salarié droit prendre soin, en fonction de sa formation et de ses possibilités, de sa sécurité et de sa santé, ainsi que de celles des autres personnes concernées du fait de ses actes ou de ses omissions au travail. Il s'agit d'une obligation de moyens.

B. Les droits d'alerte et de retrait

Le salarié est tenu à une **obligation d'alerte** ou de vigilance : il doit signaler à l'employeur ou à son représentant toute situation de travail présentant un danger grave et imminent pour sa vie.

Le salarié a le droit de se retirer d'une situation de travail présentant un danger grave ou imminent sans l'accord de son employeur. Facultatif, le **droit de retrait** implique la cessation du travail tant que le danger persiste. L'employeur ne peut opérer ni sanction ni retenue sur salaire. Le licenciement prononcé sur ce motif est nul.

3 Les acteurs de la santé au travail

A. Le comité social et économique (CSE)

Dès que l'effectif de l'entreprise ou de l'établissement atteint au moins 11 salariés pendant 12 mois consécutifs, l'employeur est tenu de mettre en place un CSE dont les missions diffèrent selon l'effectif de l'entreprise.

Principales missions du CSE selon la taille de l'entreprise

11 salariés ou plus	• Présentation des réclamations individuelles et collectives concernant notamment la santé et la sécurité au travail • Promotion de la santé, de la sécurité et des conditions de travail • Enquêtes en matière d'accidents du travail ou de maladies professionnelles • Saisine de l'inspection du travail
Au moins 50 salariés (missions complémentaires en matière de santé au travail)	• Mêmes missions que celles des entreprises de 11 à 50 salariés + Attributions générales du CSE : analyse des risques professionnels et des effets de l'exposition à certains facteurs de risque, inspections à intervalles réguliers en matière de santé, de sécurité et de conditions de travail, enquête en cas d'accident du travail ou de maladie professionnelle, alerte en cas de danger grave et imminent menaçant la santé et la sécurité des salariés + Attributions consultatives du CSE : actions de prévention

B. La commission santé, sécurité et conditions de travail (CSSCT)

Dans les entreprises et établissements distincts d'au moins 300 salariés, une CSSCT doit être créée au sein du CSE, qui lui délègue tout ou partie de ses attributions, à l'exception du recours à un expert et des attributions consultatives.

C. La médecine du travail et les services de prévention et de santé au travail (SPST)

La loi impose aux employeurs de droit privé de mettre en place une surveillance médicale de tous leurs salariés assurée par un service de santé au travail et par le médecin du travail.

Rôle du service de prévention et de santé au travail (SPST)	Rôle du médecin du travail
• Sous le seuil des 500 salariés, l'employeur adhère à un service de santé au travail interentreprises. À partir de 500 salariés, il crée un service de santé au travail autonome ou adhère à un SPST interentreprises. • Ses missions consistent à assurer la surveillance de l'état de santé des salariés, à conseiller l'employeur pour éviter ou diminuer les risques professionnels, à conduire les actions de santé au travail…	• Le médecin du travail est un salarié soit de l'entreprise, soit d'un SST interentreprises. Il doit être titulaire du diplôme d'études spécialisées de médecine du travail. • Il a essentiellement un rôle préventif : – il veille à la prévention des risques professionnels et à l'altération de la santé des travailleurs ; – il décide du suivi individuel de l'état de santé des salariés. Il peut réaliser la visite d'information et de prévention et assure un renouvellement de la visite dans les 5 ans. Il réalise un suivi renforcé des travailleurs affectés à des postes à risques. Il délivre les avis d'aptitude ou d'inaptitude au travail. Il doit consacrer le tiers de son temps à des actions en milieu de travail.

D. L'inspecteur du travail

L'inspecteur du travail (↳ fiche 4) exerce une mission générale de contrôle de l'application de la législation et de la réglementation du travail, en particulier des règles relatives à la santé et à la sécurité au travail, et dispose de moyens d'action :

- Lorsqu'il constate une situation de travail dangereuse pour la santé des travailleurs, il en informe la Dreets, laquelle met l'employeur en demeure de prendre des mesures propres à faire cesser le risque.
- En cas de danger grave et imminent pour l'intégrité physique des salariés, il dresse lui-même un PV (le parquet peut s'en saisir).
- En cas d'urgence, il peut saisir le juge des référés.

LE + DE L'EXPERT

- Par plusieurs arrêts du 8 octobre 2020, la Cour de cassation a redéfini l'obligation de sécurité en matière de risques professionnels et a apporté des précisions en matière de faute inexcusable. Dans l'évaluation de la conscience du danger, il faut prendre en compte l'ensemble des moyens mis à la disposition par l'employeur pour l'éviter (arrêt n°18-25.021) et l'évaluation doit tenir compte de l'efficacité des mesures prises et pas simplement de leur mise en place (arrêt n°18.26-677).
- Dans un arrêt de la Cour de cassation du 30 novembre 2022 (n°21-17184), il a été jugé que l'employeur avait bien rempli son obligation de sécurité lorsqu'il ignorait l'inimitié qui préexistait entre deux salariées et qu'il était intervenu dès qu'il avait eu connaissance d'une altercation assortie de violences physiques pour les séparer.

14 Le licenciement

Mots-clés

Cause réelle et sérieuse • Congé de reclassement • CSP • Indemnité de licenciement • Licenciement pour motif personnel • Licenciement économique individuel • Préavis • PSE

1 Le licenciement pour motif personnel

Définition

Le **licenciement pour motif personnel** est un mode de rupture du contrat de travail à l'initiative de l'employeur, inhérent à la personne du salarié, motivé par une cause réelle et sérieuse de rupture.

A. La nécessité d'une cause réelle et sérieuse

Tout licenciement doit être fondé sur une **cause réelle et sérieuse** réunissant trois qualités.

Triple caractère de la faute réelle et sérieuse

Objective	Réelle	Sérieuse
La rupture doit reposer sur des griefs existants, précis, matériels et vérifiables.	Les agissements ou omissions, l'aptitude au travail et son impact sur le fonctionnement de l'entreprise doivent être prouvés.	Les faits reprochés doivent être suffisamment graves pour rendre impossible la poursuite du contrat de travail.

B. Les motifs de licenciement pour motif personnel

Le licenciement pour motif personnel repose sur un comportement fautif ou non du salarié. Le licenciement disciplinaire est motivé par une faute du salarié.

Nature de la faute du salarié licencié pour motif disciplinaire

Faute sérieuse	• Elle peut justifier une sanction allant jusqu'au licenciement mais pas le départ immédiat du salarié de l'entreprise (ex. : oublis ponctuels de pointage, retards répétés…). • Le salarié exécute son préavis. Il perçoit l'indemnité de licenciement, l'indemnité de congés payés et l'indemnité de préavis.
Faute grave	• Elle consiste en une violation des obligations découlant de la relation de travail, qui, par son importance rend impossible le maintien du salarié dans l'entreprise (ex. : vols, usage de faux, manquements à l'obligation de loyauté). • La rupture a un effet immédiat (mise à pied conservatoire) et le salarié ne reçoit que l'indemnité de congés payés.
Faute lourde	• Elle suppose une intention de nuire à l'entreprise et autorise un licenciement immédiat. • Le salarié est privé de toutes les indemnités sauf celles de congés payés.

La faute légère (ex. : erreurs sans conséquences, retards isolés) ne constitue pas en elle-même une cause de licenciement mais peut faire l'objet de sanctions (ex. : avertissement). La charge de la preuve de la faute incombe à l'employeur.

Motifs du licenciement non disciplinaire

Insuffisance professionnelle	• L'employeur doit avoir préalablement satisfait à son obligation d'adaptation. • Négligences délibérées ou abstentions volontaires qui perturbent le fonctionnement de l'entreprise. • Caractérisée par des éléments précis, objectifs et vérifiables entrant dans les qualifications du salarié.
Non-atteinte des objectifs	• Les objectifs doivent être réalistes et réalisables. • L'employeur ne doit pas être responsable de la non-réalisation des objectifs.
Perte de confiance ou mésentente	• Ne constitue pas, en elle-même, un motif de licenciement. • Nécessité d'éléments objectifs matériellement imputables au salarié qui empêchent la continuation de l'activité du salarié.
Maladie	• La maladie ne peut pas constituer une cause de licenciement. • Les conséquences de la maladie peuvent justifier un licenciement en cas de perturbation du fonctionnement de l'entreprise, lorsque les absences répétées du salarié nécessitent son remplacement par un salarié en CDI.
Faits de la vie privée	Ils ne peuvent justifier un licenciement sauf s'ils sont indissociables de l'activité professionnelle du salarié et s'ils causent un trouble objectif et caractérisé.

C. Les sanctions du licenciement injustifié

En cas de licenciement injustifié, le juge peut prononcer la réintégration du salarié. À défaut de réintégration, le salarié bénéficie d'une indemnité qui résulte d'un barème fixant des montants minimaux et maximaux en fonction de l'effectif de l'entreprise et de l'ancienneté du salarié (cette indemnité se cumule avec l'indemnité de préavis et celle de licenciement).

D. La procédure de licenciement

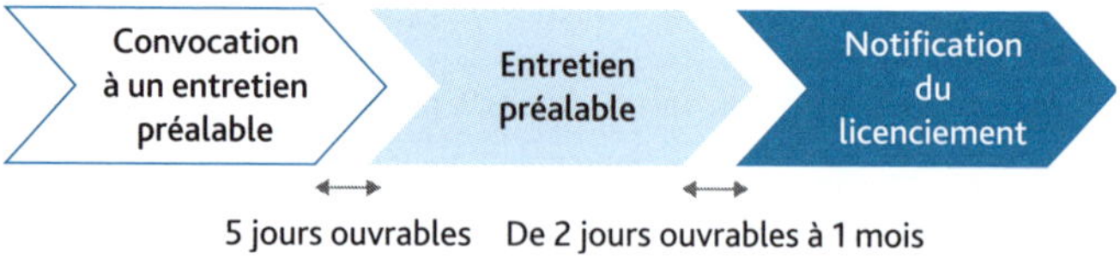

En cas de non-respect de la procédure (délais, forme), le salarié peut obtenir une indemnité qui ne peut excéder un mois de salaire, quels que soient son ancienneté et l'effectif de l'entreprise.

2 Le licenciement pour motif économique

Définition

Le **licenciement économique** est une rupture du contrat de travail à l'initiative de l'employeur, effectuée pour un ou plusieurs motifs non inhérents à la personne du salarié et résultant d'une suppression ou d'une transformation d'emploi ou d'une modification refusée par le salarié d'un élément essentiel de son contrat de travail consécutives à des difficultés économiques, à des mutations technologiques ou à une réorganisation de l'entreprise nécessaire à la sauvegarde de sa compétitivité ou à la cessation d'activité.

A. Les obligations de l'employeur

Les mesures préventives reposent sur une consultation annuelle du CSE sur les orientations stratégiques de l'entreprise et leurs conséquences sur l'emploi. Le CSE (fiches 13 et 17) émet aussi un avis sur la gestion prévisionnelle des emplois et des compétences (GPEC). Préalablement à tout licenciement économique, l'employeur est tenu à une obligation d'adaptation et de reclassement. Les critères d'ordre des licenciements sont fixés par convention ou accord collectif ou, à défaut, unilatéralement par l'employeur, en retenant les critères légaux.

B. Les mesures sociales d'accompagnement

Lorsque le licenciement économique concerne au moins 10 salariés sur 30 jours, dans une entreprise d'au moins 50 salariés, l'employeur doit mettre en place un plan de sauvegarde de l'emploi (**PSE**), sous peine de nullité, afin d'éviter ou de limiter le nombre de licenciements et de faciliter le reclassement.

Mesures sociales d'accompagnement selon les effectifs

Moins de 1 000 salariés	Proposition par l'employeur d'un contrat de sécurisation professionnelle (CSP) pour organiser un parcours de retour à l'emploi (reconversion, création ou reprise d'entreprise...). Délai de réflexion de 21 jours pour le salarié. S'il adhère au CSP, le contrat de travail est rompu et le salarié a le statut de stagiaire de la formation professionnelle pendant 12 mois.
Au moins 1 000 salariés	• Proposition par l'employeur d'un congé de reclassement (de 4 à 12 mois). • Pendant ce congé, le bénéficiaire reste salarié de l'entreprise et continue de percevoir son salaire.

C. Procédure de licenciement économique

Le **licenciement économique individuel** suit la même procédure que le licenciement pour motif personnel. Le licenciement est dit « collectif » lorsqu'il concerne au moins 2 personnes sur 30 jours.

Procédure de licenciement économique selon les effectifs licenciés

Moins de 10 salariés sur 30 jours	• Consultation du CSE et transmission de l'avis à la Dreets • Convocation des salariés à un entretien préalable • Entretien préalable individuel • Notification par écrit du licenciement pour chaque salarié • Information de la Dreets dans les 8 jours
Au moins 10 salariés sur 30 jours dans une entreprise de moins de 50 salariés	• Consultation du CSE : 2 réunions séparées par un délai de 14 jours • Au plus tôt le lendemain de la 1re réunion, information de la Dreets • Contrôle de la procédure par la Dreets • Propositions d'adhésion au CSP • Notification du licenciement par écrit 30 jours après la notification à la Dreets

Au moins 10 salariés sur 30 jours dans une entreprise d'au moins 50 salariés	• Accord collectif ou document unilatéral de l'employeur sur le contenu du PSE • Information-consultation du CSE : au moins 2 réunions, séparées de 15 jours • Information de la Dreets dès la 1re réunion • Observations de la Dreets et validation ou homologation sous 21 jours • Possibilité de notification des licenciements par l'employeur à partir de l'homologation ou de la validation par la Dreets

3 Les effets de la rupture du contrat de travail

A. Le préavis

Définition

Le **préavis** est un délai de prévenance durant lequel le contrat de travail se poursuit alors que les parties l'ont rompu.

Sauf faute grave, le préavis est exécuté. Sa durée est fixée par la loi, les conventions ou accords collectifs ou le contrat de travail ou encore les usages. Elle est fonction de l'ancienneté du salarié dans l'entreprise.

Durée du préavis selon l'ancienneté

Moins de 6 mois	6 mois à 2 ans	Plus de 2 ans
Durée fixée par les conventions collectives et usages	1 mois minimum sauf délai plus long fixé par convention collective	2 mois minimum

Pendant le préavis, les parties exécutent leurs obligations. L'employeur peut dispenser le salarié de l'exécution du préavis. Il lui verse alors une indemnité compensatrice.

B. Les indemnités de fin de contrat et les documents obligatoires

Sauf faute grave ou lourde, le salarié reçoit, en plus de l'indemnité de préavis et celle de congés payés, une **indemnité de licenciement** s'il justifie d'une ancienneté d'au moins 8 mois dans l'entreprise. Cette indemnité ne peut être inférieure à un quart de mois par année d'ancienneté jusqu'à 10 ans d'ancienneté, un tiers de mois par année d'ancienneté à partir de 10 années de service.

L'employeur doit remettre au salarié un certificat de travail, une attestation destinée à Pôle Emploi et, le cas échéant, le solde de tout compte.

LE + DE L'EXPERT

Dans un avis du 17 juillet 2019, la Cour de cassation a validé le plafonnement des indemnités de licenciement abusif. Le barème d'indemnisation du licenciement sans cause réelle et sérieuse issu de l'ordonnance du 22 septembre 2017 est conforme à l'article 10 de la Convention OIT n° 158. La cour d'appel de Paris a, dans un arrêt du 16 mars 2021, écarté l'application du barème et octroyé des dommages-intérêts en fonction du préjudice subi. Le débat n'est pas clos.

15 Les autres motifs de rupture du contrat de travail

Mots-clés

Démission • Force majeure • Mise à la retraite • Prise d'acte • Résiliation judiciaire • Retraite • Rupture conventionnelle collective • Rupture conventionnelle individuelle

1 La démission

Définition

La **démission** est la résiliation d'un CDI à l'initiative du salarié.

La démission du salarié n'est valable qu'en présence d'une volonté :

- claire et non équivoque de rompre le contrat de travail ;
- libre et non exprimée sous la contrainte ou la pression des événements ;
- sérieuse et non exprimée sous le coup de la colère ou de l'émotion.

Même si la loi n'impose aucune forme particulière, la démission ne se présume pas. La démission n'a pas à être acceptée par l'employeur et elle est, en principe, définitive lorsqu'elle est donnée.

Le salarié doit souvent respecter un préavis qui peut résulter de la loi, des conventions et accords collectifs ou des usages (↪ fiche 14). Le salarié perçoit les indemnités de congés payés et peut recevoir un revenu de remplacement s'il prouve qu'il a de justes motifs de démissionner (ex. : afin de suivre son conjoint muté) ou s'il poursuit un projet concret et précis de reconversion professionnelle, de création ou de reprise d'entreprise (loi du 5 septembre 2018).

Il y a désormais présomption simple de démission lorsque le salarié abandonne volontairement son poste et ne reprend pas le travail après avoir été mis en demeure par son employeur de le faire dans les 15 jours (loi 21/12/2022).

2 La prise d'acte de rupture

Définition

La **prise d'acte** est un mode de rupture autonome, à effet immédiat, d'un CDI. Elle est constituée par la décision du salarié qui met fin au CDI en cas de manquement grave de son employeur à ses obligations en considérant que la rupture du contrat de travail est imputable à ce dernier.

La prise d'acte de rupture n'est soumise à aucun formalisme particulier mais dans la pratique elle se fait par lettre recommandée. Le salarié saisit le conseil de prud'hommes. Après examen des motifs invoqués et prouvés par le salarié, les juges peuvent conférer à la prise d'acte de rupture :

- soit les effets d'un licenciement sans cause réelle et sérieuse, si les griefs invoqués sont justifiés ;
- soit, à défaut, les effets d'une démission.

La prise d'acte de rupture entraîne une cessation immédiate du contrat de travail (absence de préavis). Le salarié ne peut pas se rétracter.

3 Les ruptures conventionnelles

A. La rupture conventionnelle individuelle

Définition

La **rupture conventionnelle individuelle** est une convention signée entre l'employeur et le salarié par laquelle ils conviennent ensemble des conditions de la rupture du CDI qui les lie.

La rupture conventionnelle ne peut être imposée par l'une ou l'autre partie : le consentement doit être libre. Elle ne s'applique pas aux ruptures du contrat qui résultent d'un accord GPEC ou d'un PSE.

Étape de la procédure de rupture conventionnelle individuelle

La rupture prend effet à la date prévue par la convention. Le salarié reçoit l'indemnité spécifique de rupture conventionnelle et peut bénéficier des allocations de chômage (↪ fiche 25) s'il remplit les conditions requises.

B. La rupture conventionnelle collective (RCC)

Définition

La **rupture conventionnelle collective** est une rupture, d'un commun accord, du CDI de plusieurs salariés dans le cadre d'un accord collectif majoritaire validé par la Dreets.

La RCC se déroule en plusieurs étapes.

De la négociation de l'accord à sa validation

Nécessité de la négociation d'un accord majoritaire	• L'employeur engage une négociation en vue de la signature d'un accord portant sur la RCC et en informe la Dreets. • L'accord conclu doit être un accord majoritaire. Il détermine notamment le nombre de départs envisagés, les conditions à remplir pour en bénéficier, les modalités de calcul des indemnités de rupture…
Transmission de l'accord à la Dreets pour validation et au CSE	• L'accord doit être validé par la Dreets qui se prononce dans les 15 jours à compter de la réception de l'accord collectif. • La décision de la Dreets est notifiée au CSE et aux organisations syndicales représentatives signataires.
Affichage sur les lieux de travail et candidatures des salariés	• La décision de validation est portée à la connaissance des salariés par affichage ou par tout autre moyen. • Elle offre la possibilité aux salariés de candidater pour un départ volontaire. L'acceptation par l'employeur de la candidature du salarié emporte rupture du contrat de travail d'un commun accord. Le salarié reçoit l'indemnité de rupture qui ne peut être inférieure à l'indemnité légale de licenciement et il peut bénéficier des allocations de l'assurance-chômage (↪fiche 25) s'il réunit les conditions requises.

4 La force majeure

Si l'inexécution du contrat de travail par survenance du cas de force majeure (↪fiche 5) est temporaire, le contrat de travail est suspendu. Dans le cas contraire, il est rompu. Il y a rupture du contrat de travail sans indemnité (sauf celle de congés payés) ni procédure.

5 La résiliation judiciaire

Définition

La **résiliation judiciaire** du contrat de travail découle d'une décision du conseil de prud'hommes saisi par le salarié à la suite d'un manquement de l'employeur à ses obligations contractuelles.

La résiliation judiciaire n'est pas ouverte à l'employeur (il doit recourir au licenciement).

La rupture du contrat de travail prend effet, en principe, au jour du prononcé du jugement. Si les juges prononcent la rupture aux torts de l'employeur, elle produit les effets d'un licenciement sans cause réelle et sérieuse.

6 La retraite

A. Le départ à la retraite

Définition

La **retraite** est un mode de rupture autonome du contrat de travail par lequel le salarié prend l'initiative de la rupture pour bénéficier du droit à une pension de vieillesse lorsqu'il a atteint l'âge légal de départ.

Le salarié doit demander la liquidation de sa pension de vieillesse. La rupture du contrat de travail est acquise à la date de la demande. Le salarié doit respecter un préavis équivalent à celui prévu pour le licenciement. Il perçoit une indemnité de départ.

Calcul de l'indemnité de départ à la retraite selon l'ancienneté

À partir de 10 ans d'ancienneté	À partir de 15 ans d'ancienneté	À partir de 20 ans d'ancienneté	À partir de 30 ans d'ancienneté
Un demi-mois de salaire	Un mois de salaire	Un mois et demi de salaire	Deux mois de salaire

B. La mise à la retraite

Définition

La **mise à la retraite** est une décision de l'employeur de rompre le contrat de travail pour placer le salarié d'office à la retraite à 70 ans.

À partir de l'âge d'attribution d'une retraite à taux plein, l'employeur peut proposer le départ en respectant une procédure particulière : il interroge par écrit, 3 mois avant son anniversaire le salarié, pour connaître son intention de quitter ou non l'entreprise. Ce n'est qu'en cas de réponse positive que le salarié peut être mis à la retraite. Au-delà de 70 ans, aucune formalité n'est exigée.

Le salarié a droit à un préavis égal à celui du licenciement. Le salarié perçoit une indemnité de mise à la retraite au moins égale à celle de l'indemnité légale de licenciement (ou l'indemnité conventionnelle si elle est plus favorable).

LE + DE L'EXPERT

Le ministère du Travail propose un guide téléchargeable de « questions-réponses » de l'administration sur la rupture conventionnelle collective pour guider les chefs d'entreprise dans la mise en œuvre de ce mode de rupture. Par un arrêt du 20 octobre 2021 (n° 1VE02220), la cour administrative d'appel de Versailles a jugé qu'une rupture conventionnelle collective était incompatible avec une fermeture de site. En effet, dans ces circonstances, le caractère volontaire du départ des salariés n'était pas assuré alors qu'il s'agit de l'essence même du dispositif de la RCC.

16 La représentation collective : les syndicats

Mots-clés

Entrave • IRP • Personnalité morale • Représentativité • Salarié protégé • Section syndicale d'entreprise • Syndicat

1 Les syndicats

Définition

Un **syndicat** est un groupement de personnes exerçant la même profession ou des métiers similaires ou connexes.

Un syndicat a exclusivement pour objet l'étude et la défense des droits ainsi que des intérêts matériels et moraux collectifs et individuels de ses membres. Il s'agit d'une instance représentative du personnel (**IRP**).

A. Les principes guidant l'action syndicale

Deux grands principes gouvernent la liberté syndicale :

- La **liberté syndicale du salarié vis-à-vis du syndicat**. Le salarié peut adhérer ou non à un syndicat. Il a la faculté :
  - de choisir le syndicat auquel il souhaite adhérer ;
  - de ne plus adhérer au syndicat quand il l'a décidé.
- La **liberté syndicale du salarié face à son employeur**. Toute mesure discriminatoire prise en raison de l'appartenance à un syndicat ou de l'activité syndicale est interdite. Aucune organisation syndicale ne doit être favorisée par l'employeur.

B. L'organisation des syndicats

Le syndicat est caractérisé par la spécificité de son objet. Il est constitué entre personnes exerçant une profession et ne peut poursuivre d'activités politiques ou commerciales.

Pour que le syndicat soit doté de la **personnalité morale**, ses membres fondateurs doivent en déposer les statuts en mairie.

C. La représentativité des syndicats

Définition

La **représentativité** d'un syndicat professionnel est son aptitude à être le porte-parole d'une collectivité de salariés plus vaste que celle des salariés adhérents.

La représentativité confère une légitimité à l'action du syndicat. Le syndicat reconnu représentatif dispose de prérogatives particulières, notamment :

- la négociation des conventions et accords collectifs de travail ;
- la présentation de candidats au premier tour des élections du comité social et économique ;
- la constitution d'une **section syndicale d'entreprise**.

D. Les critères de représentativité

Un syndicat ne peut être reconnu représentatif que s'il satisfait aux sept critères cumulatifs exigés par la loi.

Critères cumulatifs légaux de représentativité

Audience électorale	Mesure à partir des suffrages exprimés au premier tour des dernières élections professionnelles : – dans l'entreprise, au moins 10 % des voix – au niveau de la branche professionnelle ou au niveau national interprofessionnel : au moins 8 % des suffrages exprimés.
Ancienneté	• Deux ans dans le champ professionnel et géographique couvrant le niveau de négociation • Appréciation à partir de la date légale du dépôt légal des statuts
Nombre d'adhérents et cotisations perçues	En principe, à jour des cotisations
Transparence financière	Vérification à partir des comptes annuels (provenance et utilisation des ressources)
Indépendance	Vis-à-vis de l'employeur comme des groupements politiques
Respect des valeurs républicaines	• Respect de la liberté d'opinion • Refus de toute discrimination
Influence	• Liée à l'activité et à l'expérience • Concrétisation par les actions menées ou l'activité antérieure du syndicat ou de ses dirigeants

2 Le rôle de l'action syndicale

Qu'il soit représentatif ou non, un syndicat poursuit une vocation générale, par les revendications qu'il émet, à défendre les intérêts professionnels des salariés mais aussi ses intérêts propres en tant que personne morale.

A. La représentation syndicale dans l'entreprise

Section syndicale	• Constitution par le syndicat représentatif pour assurer la représentation des intérêts de ses membres dans l'entreprise • Absence de personnalité juridique • Collecte les cotisations, diffusion de tracts et publications, organisation de réunions...

Délégué syndical	• Désignation par le syndicat représentatif dans les entreprises de plus 50 salariés • Représentation du syndicat dans l'entreprise et revendication en son nom • Négociation des conventions et accords collectifs d'entreprise • Crédit d'heures mensuel et liberté de déplacement durant les heures de délégation
Représentant de la section syndicale	Désignation par le syndicat non représentatif pour le représenter dans l'entreprise et lui permettre d'assurer sa représentativité lors des futures élections professionnelles

B. La protection des représentants syndicaux

Les représentants syndicaux sont des **salariés protégés**.

Leur licenciement nécessite l'autorisation de l'inspecteur du travail. Toute **entrave** à l'exercice du droit syndical constitue un délit passible de sanctions pénales (amende de 3 750 € et peine d'emprisonnement d'un an).

LE + DE L'EXPERT

- Dans un arrêt du 13 juin 2019, la Cour de cassation a jugé que, si la section syndicale d'entreprise ne comptait qu'un adhérent à jour de ses cotisations lors de la désignation du représentant de la section syndicale, cette désignation pouvait être annulée.
- Dans un arrêt du 26 février 2020 (pourvoi n° 19-19.397), la Cour de cassation a rappelé que le critère d'indépendance, en tant que condition de représentativité, s'entendait d'une indépendance vis-à-vis de l'employeur et d'une indépendance financière. Ni le fait, pour le syndicat, de faire l'objet d'une procédure de redressement judiciaire ni celui de disposer de l'appui de la confédération ne lui font perdre son indépendance financière.
- Dans un arrêt du 7 octobre 2022 (n°45.4723), le Conseil d'État a jugé que le chauffeur d'autocar qui, après avoir transporté une colonie de vacances, laisse son véhicule au dépôt sans remarquer qu'il reste un enfant à bord, commet une faute suffisamment grave pour justifier son licenciement malgré la protection liée à ses mandats.

17 La représentation collective : les IRP élues

Mots-clés

Bilan social • CSE • Délit d'entrave • Droit d'alerte • IRP • Personnalité morale • Salarié protégé

1 La mise en place du comité social et économique (CSE)

Le CSE peut être mis en place aux niveaux :

- de l'entreprise ;
- de chaque établissement (lorsque l'entreprise comporte plusieurs établissements) ;
- de l'unité économique et sociale ;
- interentreprises, lorsque la nature et l'importance des problèmes communs le justifient.

Un CSE doit être créé dans toute entreprise d'au moins 11 salariés dès lors que cet effectif a été atteint pendant 12 mois consécutifs.

Le déclenchement du processus électoral incombe à l'employeur dès que les seuils légaux sont atteints. À défaut, un salarié ou un syndicat peut demander l'organisation d'élections. Les élections sont négociées avec les organisations syndicales dans le cadre du protocole préélectoral. Les membres du CSE sont élus pour 4 ans (un accord d'entreprise peut fixer une durée inférieure comprise entre 2 et 4 ans).

2 Les missions et moyens du CSE dans les entreprises de moins de 50 salariés

Le CSE exerce quatre missions principales :

- Présentation à l'employeur des réclamations individuelles et collectives des salariés.
- Saisine de l'inspecteur du travail en cas de plaintes et d'observations des salariés relatives à l'application des dispositions légales ou réglementaires
- Exercice du droit d'alerte en cas :
  - d'atteinte aux droits fondamentaux des personnes (ex. : discrimination, harcèlement moral ↪fiche 12) ;
  - de danger grave et imminent pour la vie ou la santé des salariés ;
  - de risque pour la santé publique ou l'environnement.
- Contribution à la promotion de la santé (↪fiche 13), de la sécurité et des conditions de travail par des enquêtes en matière d'accident du travail ou de maladie professionnelle. En cas d'inaptitude d'un salarié, l'employeur soumet au CSE les postes de reclassement qu'il envisage de proposer (↪fiche 5).

Moyens du CSE dans les entreprises de moins de 50 salariés

Réunions	• Une fois par mois, à la demande des élus ou en cas d'urgence ou de demande soit individuelle, soit d'une catégorie professionnelle, d'un atelier ou service. • Selon les questions à traiter.
Délégation	Au moins 10 heures par mois.
Local syndical et panneaux d'affichage	Affichage obligatoire auquel l'employeur ne peut s'opposer, exigence d'un local.
Liberté de déplacement	Dans et en dehors de l'entreprise pour prendre les contacts nécessaires à l'accomplissement de leur mission sans apporter de gêne au travail des salariés.

A. Les moyens et missions du CSE des entreprises d'au moins 50 salariés

Le CSE des entreprises d'au moins 50 salariés est doté de la **personnalité morale**. Il peut passer des contrats, gérer un patrimoine, ester en justice et engager sa responsabilité.

Moyens matériels et financiers du CSE

Moyens matériels	• Réunions : une fois tous les 2 mois sur convocation de l'employeur dans les entreprises d'au moins 50 salariés et de moins de 300 salariés et une fois par mois pour les entreprises d'au moins 300 salariés. • Local avec des panneaux d'affichage mis à disposition du CSE par l'employeur. • Heures de délégation variable selon les effectifs de l'entreprise. • Liberté de déplacement dans et hors de l'entreprise. • Formation économique (5 jours maximum par an) et formation à la santé, à la sécurité et aux conditions de travail (de 3 à 5 jours par an, selon l'effectif de l'entreprise).
Moyens financiers	• Subvention de fonctionnement : – 0,20 % de la masse salariale brute pour un effectif de 50 à moins de 2 000 salariés ; – 0,22 % de la masse salariale brute pour un effectif d'au moins 2 000 salariés. • Transfert possible du reliquat des subventions vers le budget des activités sociales et culturelles.

Attributions complémentaires du CSE des entreprises d'au moins 50 salariés

Mêmes attributions que le CSE des entreprises de 11 à 50 salariés	+	• Gestion des activités sociales et culturelles • Information et consultation dans le domaine économique et professionnel • Missions en matière de santé, de sécurité et de conditions de travail

Les attributions économiques du CSE s'organisent autour de trois consultations annuelles obligatoires portant sur :

- les orientations stratégiques de l'entreprise et leurs conséquences sur l'activité, l'emploi et l'organisation du travail ;
- la situation économique et financière de l'entreprise et sa politique de R&D ;
- la politique sociale de l'entreprise, les conditions de travail et d'emploi.

Plus ponctuellement, le CSE est informé et consulté préalablement à toute opération d'une certaine importance concernant la collectivité de travail (ex. : restructurations...) et avant toute procédure de le licenciement visant un salarié protégé (↪ fiche 14).

Dans les entreprises de plus de 300 salariés, la consultation doit aussi porter sur le **bilan social**, mis à la disposition du CSE *via* la BDES (↪ fiche 10).

B. Les autres structures de représentation du personnel

Il existe d'autres institutions représentatives du personnel (**IRP**).

IRP autres que le CSE

CSE central d'entreprise	• Dans les entreprises qui comportent au moins deux CSE d'établissements. • Toutes les attributions relatives à la marche générale de l'entreprise ainsi que celles qui excèdent les limites des pouvoirs de chefs d'établissement. Il est informé et consulté sur les projets importants de l'entreprise en matière économique et sociale.
Conseil d'entreprise	• Sur accord d'entreprise à durée indéterminé (ou par accord de branche étendu dans les entreprises dépourvues de délégué syndical). • Ensemble des attributions du CSE et en plus, il a le pouvoir de négocier, conclure et réviser les conventions et accords d'entreprise ou d'établissement.
Comité de groupe	• Mise en place au sein d'un groupe formé par une entreprise dominante dont le siège est en France et les entreprises dont elle a le contrôle ou sur lesquelles elle exerce une influence dominante, quel qu'en soient les effectifs. • Missions distinctes de celles du CSE des entreprises du groupe. Attributions essentiellement économiques : informations sur les perspectives économiques du groupe, sur l'activité et sa situation financière, sur les évolutions de l'emploi.

Comité d'entreprise européen (CEE) ou procédure d'information et de consultation	• Dans les entreprises ou groupes de dimension communautaire qui : – emploient au moins 1 000 salariés dans les États membres de l'UE ; – qui comportent au moins un établissement employant 150 salariés ou plus dans au moins deux de ces États. • Compétence sur les questions qui concernent l'ensemble de l'entreprise ou du groupe d'entreprises de dimension communautaire (ex. : restructurations, fusions).

3 La protection des IRP

Définition

Outre les représentants syndicaux (↪ fiche 16) sont considérés comme **salariés protégés** les représentants du personnel élus, les candidats aux élections professionnelles, les salariés qui ont demandé l'organisation des élections.

Situations donnant lieu à protection

Pendant l'exécution du contrat de travail	Lors de la rupture du contrat de travail
Modification du contrat de travail ou changement des conditions de travail avec accord préalable du salarié	• Nécessité pour l'employeur d'obtenir préalablement l'autorisation de l'inspecteur du travail (et avis du CSE) • À défaut, nullité de la rupture et sanctions pénales

La protection est limitée dans le temps et garantie par l'existence du **délit d'entrave**.

Toute entrave à la mise en place des représentants du personnel et à leur fonctionnement régulier est passible de sanctions pénales (peines d'amende et/ou d'emprisonnement).

LE + DE L'EXPERT

- Un accord d'entreprise, de branche ou de groupe peut fixer une durée dérogatoire au mandat de droit commun des membres du CSE. Cette durée est alors comprise entre 2 et 4 ans.
- Pour l'implantation du CSE, la Cour de cassation a précisé, dans un arrêt du 5 février 2020 (pourvoi n° 19-13.444), que l'effectif de l'établissement, pour le calcul du nombre de membres de la délégation du personnel à élire au CSE, devait être apprécié à la date du premier tour du scrutin.

18 La négociation collective

Mots-clés

Convention et accord collectif • Délégué syndical • Dénonciation • Dérogation conventionnelle • Élargissement • Extension • Partenaires sociaux • Révision • Supplétivité légale

1 Les niveaux de négociation

Définition

Les **conventions et accords collectifs** ont pour objet la détermination, par la négociation, de l'ensemble des conditions d'emploi, de formation professionnelle et de travail ainsi que des garanties sociales des salariés.

Alors que la convention collective couvre l'ensemble des conditions de la relation de travail, l'accord collectif ne porte que sur certains points parmi cet ensemble.

De l'ANI à l'accord d'entreprise

Accord national interprofessionnel (ANI)	• Il structure la vie économique et sociale. • Les accords les plus importants sont généralement consacrés par la loi.
Convention collective de branche	• Elle a pour mission de définir les conditions d'emploi et de travail des salariés ainsi que l'ensemble des garanties applicables. • Elle requiert des négociations obligatoires : – tous les 4 ans : salaires, égalité hommes-femmes, conditions de travail, GPEC et pénibilité, insertion professionnelle des handicapés, formation professionnelle continue ; – tous les 5 ans : classification et mesures tendant à favoriser l'égalité professionnelle et la mixité des emplois ; dispositifs visant à développer les plans d'épargne dans l'entreprise.
Accord d'entreprise	• En présence d'une ou de plusieurs sections syndicales d'organisations représentatives : au moins une fois tous les 4 ans, sur la rémunération, le temps de travail, le partage de la valeur ajoutée, l'égalité professionnelle hommes-femmes, la qualité de la vie au travail. • En présence d'au moins 300 salariés ou dans un groupe de dimension communautaire : au moins une fois tous les 4 ans, sur la gestion des emplois et des parcours professionnels.

2 La formation des normes conventionnelles

A. L'organisation de la négociation

La négociation se déroule entre **partenaires sociaux**.

Négociation des normes conventionnelles

Du côté patronal	Du côté salarial
Un ou plusieurs employeurs ou regroupements d'employeurs	Organisations syndicales représentatives dans le champ de l'accord ou de la convention

B. Les conditions de validité de l'accord d'entreprise

L'accord d'entreprise ne satisfait pas les mêmes conditions de validité selon que l'entreprise dispose ou non d'un **délégué syndical**.

Entreprises avec délégué syndical

Principe	Exception
Accord signé par des organisations représentatives ayant recueilli plus de 50 % des suffrages au premier tour des dernières élections des titulaires du CSE.	Si ce seuil de 50 % n'a pas été dépassé tandis que le seuil de 30 % a été atteint, les signataires peuvent de-mander un référendum à la majorité des suffrages exprimés.

Entreprises sans délégué syndical

	Acteurs de la négociation	Modalités d'adoption
Entreprise de moins de 11 salariés	Consultation directe des salariés.	Référendum à la majorité des 2/3 des salariés.
Entreprise de 11 à 20 salariés sans CSE	• Consultation directe des salariés. • Négociation avec un salarié mandaté par une OSR au niveau de la branche	• Référendum à la majorité des 2/3 des salariés. • Référendum à la majorité simple des salariés.
Entreprise de 11 à 49 salariés	• Négociation avec un membre élu du CSE. • Négociation avec un salarié mandaté par une OSR au niveau de la branche.	• Signature par des membres du CSE représentant la majorité des suffrages exprimés aux dernières élections professionnelles ; • Référendum à la majorité simple des salariés.

	Acteurs de la négociation	Modalités d'adoption
Entreprises d'au moins 50 salariés	Négociation avec un membre élu du CSE mandaté : – **À défaut**, négociation avec un membre élu du CSE non mandaté. – **À défaut**, négociation avec un salarié mandaté par une OSR au niveau de la branche.	• Référendum à la majorité simple des salariés ; • Signature par des membres du CSE représentant la majorité des suffrages exprimés aux dernières élections professionnelles ; • Référendum à la majorité simple des salariés.

Conditions de validité des autres accords

Accord national interprofessionnel (ANI)	Convention de branche
• Accord signé par une ou plusieurs organisations syndicales de salariés représentatives ou ayant recueilli au moins 30 % des suffrages exprimés en faveur d'organisations reconnues représentatives au niveau interprofessionnel. • Absence d'opposition d'une ou plusieurs organisations syndicales de salariés représentatives ayant recueilli la majorité de ces suffrages. • Accord conclu par une ou plusieurs organisations syndicales d'employeurs.	• Signature par une ou plusieurs organisations syndicales représentatives ayant recueilli, aux dernières élections professionnelles, au moins 30 % des suffrages exprimés en faveur d'organisations reconnues représentatives à ce niveau. • Absence d'opposition d'une ou plusieurs organisations syndicales de salariés ayant recueilli la majorité des suffrages exprimés en faveur des organisations représentatives à ces mêmes élections.

C. La procédure

Signature de l'accord → Notification à l'ensemble des organisations syndicales représentatives → Dépôt de deux exemplaires du texte au ministère du Travail ou à la Dreets locale → Dépôt au greffe du conseil de prud'hommes

3 L'application des normes conventionnelles

L'application par l'employeur de la convention collective dépend de trois critères cumulatifs :

- L'employeur a signé la convention ou s'inscrit dans un groupement patronal signataire ou adhérent à la convention.
- L'applicabilité de la convention dépend de l'activité principale réelle de l'entreprise.
- Une convention ne s'applique dans une entreprise ou un établissement que si ceux-ci sont situés dans l'espace géographique que la convention a entendu couvrir.

La loi et le règlement ont longtemps présenté un caractère d'ordre public garantissant aux individus des avantages minimaux, le cas échéant renforcés par d'autres moyens, notamment la négociation collective. Ce principe admet aujourd'hui deux exceptions :

- La **supplétivité légale**. La loi s'applique par défaut dans le silence de la négociation collective.
- Les **dérogations conventionnelles**. Dans certains cas, le législateur se dessaisit de son pouvoir de fixer la norme et autorise les partenaires sociaux à conclure des accords dérogatoires.

Conflits entre normes conventionnelles

Verrouillage automatique de l'accord d'entreprise par la convention de branche	Treize thèmes, dont les salaires *minima* hiérarchiques, la classification, la mutualisation des fonds de la formation professionnelle continue, la garantie de la protection salariale complémentaire…
Verrouillage possible de l'accord d'entreprise par la convention de branche	Quatre thèmes, dont les primes pour travaux dangereux et insalubres, l'exposition aux facteurs de risque professionnel…

LE + DE L'EXPERT

Par principe, l'employeur tenu par les stipulations d'une convention collective doit en appliquer les clauses aux contrats de travail. Par exception, les stipulations plus favorables du contrat de travail s'appliquent. Néanmoins, un accord d'entreprise dit de performance, ayant pour finalité de répondre aux nécessités liées au fonctionnement de l'entreprise ou de préserver l'emploi, peut aménager la durée du travail et la rémunération – dans le respect du Smic et des *minima* conventionnels – ou déterminer les conditions de la mobilité professionnelle ou géographique. Cet accord se substitue, automatiquement et de plein droit, aux clauses contraires du contrat de travail.

19 La négociation collective : extension et élargissement des normes conventionnelles

Mots-clés

Avenant • Élargissement • Extension • Révision

1 Les procédures d'extension et d'élargissement des conventions collectives

Définitions

- L'**extension** d'une convention collective consiste, par voie ministérielle, à étendre l'application d'une convention collective à toutes les entreprises qui entrent dans son champ professionnel, que l'employeur soit ou non membre d'une organisation signataire.
- L'**élargissement** d'une convention collective consiste, par voie ministérielle, à élargir le champ d'application d'une convention collective existante à une branche d'activité ou à un nouveau secteur géographique qui en est dépourvu.

Extension et élargissement des conventions collectives

	Extension	Élargissement
Conditions	• La convention qui fait l'objet d'une extension a été conclue au sein d'une commission paritaire. • Le texte ne doit pas avoir fait l'objet d'une opposition d'une ou plusieurs organisations d'employeurs reconnues représentatives au niveau considéré et dont les entreprises adhérentes emploient plus de 50 % de l'ensemble des salariés. • La convention comporte des clauses obligatoires relatives aux relations collectives de travail.	• Impossibilité persistante de conclure une convention collective. • Convention préalablement étendue. • Conditions économiques ou d'emploi analogues.
Procédure	• Demande d'extension • Décision du ministre • Rejet • Avis motivé de la commission nationale de la convention collective (CNCC)	Procédure quasiment identique à la procédure d'extension.

	Extension	Élargissement
Effets	• La décision du ministre se traduit par un arrêté d'extension qui reçoit une publicité. • Tous les employeurs exerçant dans le champ professionnel et géographique doivent respecter les dispositions contenues dans la convention étendue.	La procédure d'élargissement rend obligatoire une convention conclue dans un autre secteur géographique et/ou professionnel.

2 La révision d'une convention collective

Définition

La **révision** d'une convention collective consiste à adapter la convention ou l'accord collectif.

Initiative de la procédure de révision

Cas des accords et conventions d'entreprise	**Dans les entreprises dotées de délégués syndicaux**	• Organisations salariales représentatives et signataires ou adhérentes de cet accord. • L'engagement de la procédure doit s'effectuer à l'intérieur du cycle électoral de conclusion. À l'issue de cette période, la procédure est ouverte à toutes les organisations salariales.
	Dans les entreprises non dotées de délégués syndicaux	• Un représentant élu du personnel mandaté ou non. • À défaut, un salarié mandaté.
Cas des accords et conventions interprofessionnels et de branche	• Jusqu'à la fin du cycle électoral de conclusion, sont habilitées à engager la procédure une ou plusieurs organisations syndicales de salariés représentatives et signataires et une ou plusieurs organisations professionnelles d'employeurs signataires ou adhérentes de l'accord. • À l'issue du cycle électoral, seule la condition de représentation est requise.	

L'**avenant** se substitue de plein droit aux stipulations de l'accord ou de la convention qu'il modifie.

3 La dénonciation d'une convention collective

Définition

La **dénonciation** consiste à stopper l'application d'un texte.

En matière de convention ou d'accord collectif, le droit de dénoncer appartient à tous les signataires d'une convention conclue à durée indéterminée. Il s'accompagne d'un délai de préavis de 3 mois en l'absence de stipulations conventionnelles.

Procédure de dénonciation d'une convention collective

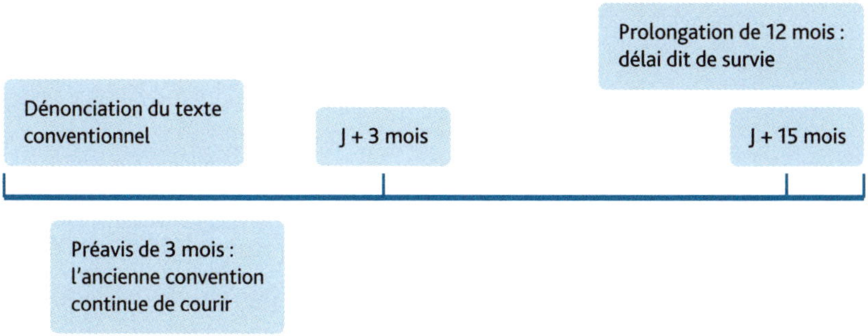

LE + DE L'EXPERT

Dans un arrêt du 20 octobre 2010, la Cour de cassation a jugé que, dès lors qu'une convention collective est entièrement modifiée, le texte initial cesse de produire ses effets juridiques. Par conséquent, l'arrêté d'extension du même texte devient caduc.

20 L'association des salariés aux performances de l'entreprise

Mots-clés

Intéressement • Participation aux résultats • PEE • PERE • RSP

1 La participation aux résultats de l'entreprise

Définition

La **participation aux résultats** est un dispositif légal de redistribution d'une partie des bénéfices réalisés au cours de l'exercice aux salariés de l'entreprise.

A. Une obligation légale pour les entreprises d'au moins 50 salariés

La loi impose l'obligation de distribuer une partie des résultats de l'entreprise aux salariés lorsqu'elle remplit les deux conditions suivantes :

- l'entreprise, quelle que soit sa forme ou son activité, emploie au moins 50 salariés, effectif qui doit avoir été atteint pendant 5 années consécutives ;
- elle a dégagé un bénéfice après impôt supérieur à 5 % des capitaux propres au terme des 5 exercices financiers retenus comme référence.

Tous les salariés de l'entreprise peuvent en bénéficier. Si une condition d'ancienneté minimale est prévue par l'accord de participation, elle ne peut excéder 3 mois.

B. Les modalités de mise en place de la participation

L'accord de participation est conclu :

- soit dans le cadre d'un accord collectif d'entreprise ou de branche ;
- soit entre le chef d'entreprise et les représentants d'organisations syndicales représentatives dans l'entreprise ;
- soit au sein du comité social et économique ;
- soit à la suite de la ratification par le personnel à la majorité des deux/tiers d'un projet de contrat proposé par l'employeur.

L'accord doit être déposé auprès de la Dreets. Les exonérations fiscales et sociales éventuelles sont conditionnées par ce dépôt.

C. La réserve spéciale de participation (RSP)

L'employeur peut retenir la formule légale pour le calcul de la **RSP** ou une formule dérogatoire, qui peut être retenue seulement si le montant de la participation est au moins égal à celui de la formule légale.

Formule légale : **RSP = 1/2 (B – 5 % C) × S / VA**

Avec : B = bénéfice net imposable réalisé par l'entreprise ; C = capitaux propres de l'entreprise ; S = salaires bruts ; VA = valeur ajoutée

La réserve peut être répartie de la façon suivante (possibilité de combiner les critères) :

- soit de manière uniforme entre tous les salariés ;
- soit proportionnellement au salaire reçu par chaque salarié ;
- soit proportionnellement à la durée de présence dans l'entreprise.

D. Les modalités d'affectation et de versement de la participation

Les bénéficiaires peuvent demander le versement immédiat des sommes reçues au titre de la participation. Lorsqu'elle n'est pas versée, la quote-part attribuée au titre de l'exercice est indisponible pendant 5 ou 8 ans.

Option pour le versement immédiat des droits à participation	Pour pouvoir bénéficier du versement immédiat, les bénéficiaires doivent le demander dans un délai de 15 jours à compter de la date à laquelle ils sont informés des sommes qui leur reviennent au titre de la participation. L'accord de participation fixe la date à laquelle le bénéficiaire est présumé en avoir été informé.
Blocage des sommes attribuées au titre de la participation	Lorsqu'elles ne font pas l'objet d'une demande de versement immédiat, les sommes attribuées sont bloquées sur des comptes courants au nom des bénéficiaires pendant 5 ans au moins à compter de l'ouverture des droits (ou en l'absence d'accord de participation pendant 8 ans).
Déblocage anticipé	À la demande du salarié, un déblocage anticipé de la participation peut intervenir, notamment en cas de mariage ou PACS, naissance, divorce, décès, cessation du contrat de travail, création d'une entreprise, acquisition ou agrandissement de la résidence principale.

E. Les régimes social et fiscal de la participation

Les sommes attribuées n'ont pas le caractère de salaire et sont exonérées de cotisations patronales et salariales. Seuls la CSG, la CRDS et le forfait social sont dus. Les sommes perçues au terme de la période d'indisponibilité ou en cas de déblocage anticipé sont exonérées d'impôt sur le revenu. Si le salarié demande le versement immédiat de ses droits, les sommes sont imposables.

2 L'intéressement

Définition

L'**intéressement** est un dispositif facultatif permettant d'associer les salariés aux résultats ou aux performances de l'entreprise. Il constitue un mode de rémunération collectif. Il doit présenter un caractère aléatoire et résulter d'une formule de calcul liée aux résultats ou aux performances de l'entreprise.

A. La mise en œuvre de l'intéressement

L'intéressement peut être mis en place dans toute entreprise, quels que soient l'effectif, l'activité ou la forme juridique, à condition qu'elle ait satisfait à ses obligations en matière de représentation du personnel par la mise en place d'un CSE. L'intéressement peut être conclu pour une durée comprise entre un et trois ans, selon les mêmes modalités que l'accord de participation. Il est déposé à la Dreets dans les 15 jours de sa conclusion.

B. Le calcul et la répartition de l'intéressement

Aucune formule de calcul n'est imposée par la loi mais l'intéressement doit présenter un caractère aléatoire, collectif et résulter d'une formule de calcul liée soit aux résultats soit aux performances de l'entreprise. La répartition des sommes reçues au titre de l'intéressement peut se faire de manière uniforme, proportionnelle au salaire, proportionnelle à la durée de présence dans l'entreprise, et en utilisant conjointement plusieurs de ces critères.

C. Les régimes fiscal et social de l'intéressement

Les sommes attribuées sont soumises à l'impôt sur le revenu. Elles sont exonérées de cotisations sociales. Elles sont assujetties à la CSG et à la CRDS. Les entreprises de plus de 250 salariés sont soumises au forfait social pour les sommes distribuées.

Lorsqu'elles sont affectées en tout ou partie à un plan d'épargne entreprise (PEE), les sommes attribuées bénéficient d'une exonération de cotisations sociale et d'impôt sur le revenu.

3 Les plans d'épargne collectifs

Les plans d'épargne collectifs sont des dispositifs facultatifs que l'employeur peut mettre en place au profit des salariés bénéficiaires pour recevoir leur épargne salariale.

A. La mise en place

Définition

Le plan d'épargne entreprise (**PEE**) est un système d'épargne collective facultatif qui ouvre aux salariés de l'entreprise la faculté de se constituer et de gérer, à l'aide de l'entreprise, un portefeuille de valeurs mobilières.

Le PEE peut être institué dans toute entreprise privée quelle que soit sa forme juridique, son activité, son effectif. Tous les salariés de l'entreprise doivent pouvoir bénéficier du PEE. Une condition d'ancienneté dans l'entreprise peut être exigée mais elle ne peut être supérieure à 3 mois.

Le PEE peut être mis en place par accord collectif ou selon les mêmes modalités que la participation. Le PEE peut être alimenté :

- Par le salarié par des versements facultatifs et volontaires qui proviennent de l'intéressement ou de la participation, ou de sommes issues d'autres dispositifs d'épargne salariale (compte épargne temps, actions gratuites...), dans la limite de 25 % de sa rémunération annuelle.
- Par l'employeur qui peut verser des « abondements » sur le PEE du salarié. Ces sommes ne peuvent pas dépasser un montant égal à 8 % du plafond annuel de la sécurité sociale. Ces versements ne peuvent pas être considérés comme un complément de salaire.

Les sommes affectées sur le PEE sont utilisées pour l'acquisition de titres émis par l'entreprise, d'actions de sociétés d'investissement à capital variable (SICAV), de parts de fonds communs de placement d'entreprise (FCPE), d'actions émises par des sociétés constituées par les salariés pour le rachat de tout ou partie du capital de la société. Les parts ou actions acquises sont indisponibles pendant 5 ans minimum. Les droits des salariés peuvent être débloqués par anticipation dans les mêmes conditions que pour la participation.

B. Les régimes social et fiscal du PEE

Les versements volontaires des bénéficiaires du PEE ne sont pas exonérés de cotisations sociales. L'abondement est exonéré de l'impôt sur le revenu des salariés s'il est maintenu sur le PEE pendant au moins 5 ans. Il est soumis à la CSG, à la CRDS et au forfait social.

C. Les plans d'épargne retraite d'entreprise (PERE)

Définition

Un plan d'épargne retraite d'entreprise (**PERE**) est un système d'épargne salariale ayant pour objet d'offrir à ses bénéficiaires la possibilité de se constituer un complément de revenu sous la forme d'un capital ou d'une rente, utilisable au moment de la retraite.

Le cadre juridique est identique à celui du PEE sous réserve de dispositions spécifiques.

Caractéristiques des plans d'épargne retraite collectifs ou obligatoires

PERE CO (plan collectif)	PERE OB (plan obligatoire)
• Le PERE CO est un dispositif facultatif mis en œuvre par un accord d'entreprise (selon les mêmes modalités que l'intéressement ou la participation). • Les salariés sont libres d'adhérer au PERE CO (sauf adhésion automatique prévue par le règlement du plan). • Le PERE CO peut recevoir des versements volontaires des salariés, des abondements de l'entreprise, des versements initiaux et périodiques de l'entreprise, des droits inscrits sous la forme de repos affectés au compte épargne-temps ou encore des transferts de sommes issues d'autres dispositifs d'épargne salariale. • L'épargne est investie en parts de fonds communs de placement d'entreprise (FCPE) ou en SICAV à vocation générale. Le PERE CO ne peut pas servir de support à l'actionnariat salarié.	• Applicable soit à l'ensemble des salariés, soit à une ou plusieurs catégories objectives de salariés. Le règlement d'un PERE OB prévoit l'adhésion obligatoire des salariés intéressés. • La mise en place s'effectue soit par un accord collectif, soit par un projet d'accord proposé par le chef d'entreprise et ratifié par la majorité des intéressés, ou encore par décision unilatérale de l'employeur constatée dans un écrit et remis à chaque intéressé. • Le titulaire d'un PERE OB peut l'alimenter par des versements obligatoires ou volontaires, par des droits inscrits à son compte épargne-temps, par des versements issus d'autres dispositifs d'épargne salariale. L'épargne peut être affectée à l'acquisition de parts de FCPE ou de SICAV.

Les régimes fiscal et social sont identiques à celui du PEE. Les sommes versées au titre de l'abondement sont exonérées de cotisations sociales et d'impôt sur le revenu, sous réserve du respect des plafonds. Elles sont soumises aux CSG, CRDS et au forfait social.

LE + DE L'EXPERT

Dans un arrêt du 7 novembre 2018, la Cour de Cassation a jugé que tous les salariés d'une entreprise compris dans le champ des accords de participation bénéficiaient de leurs dispositions, y compris les titulaires d'un congé de reclassement, qui demeurent salariés de l'entreprise jusqu'à l'issue de ce congé, que leur rémunération soit ou non prise en compte pour le calcul de la réserve spéciale de participation (RSP).

21 Les conflits collectifs

Mots-clés

Abus du droit de grève • Arbitrage • Conciliation • Grève • Lock-out • Médiation

1 La grève et ses effets sur la relation de travail

Si la Constitution en fait un droit et une liberté fondamentale, le Code du travail prévoit simplement que « la grève ne rompt pas le contrat de travail » mais il ne la définit pas. C'est la jurisprudence qui en fixe les contours.

Définition

La **grève** est une cessation collective et concertée du travail en vue d'appuyer des revendications professionnelles. Toute action qui ne satisfait pas à ces critères est illicite.

Pour que la grève soit licite, son exercice suppose la réunion de plusieurs conditions.

Triple condition d'une grève licite

Une cessation totale du travail	Un arrêt de travail collectif et concerté	L'existence de revendications professionnelles
• Aucune forme ni modalité particulière n'est imposée dans la loi. La durée de l'arrêt importe peu. • La grève peut avoir une durée prédéterminée ou indéterminée. • Sont à ce titre licites : – les débrayages répétés de courte durée, même s'ils causent des dommages pour la production. Il suffit qu'ils ne désorganisent pas l'entreprise ; – les grèves tournantes ou par roulement dans les entreprises du secteur privé (illicites dans les services publics) ; – les grèves « bouchons » limitées à une partie du personnel ou à un seul service qui empêche les autres salariés de travailler.	• Il n'est pas nécessaire que tous les salariés fassent grève. La grève n'est pas soumise à la décision d'une majorité ou d'une minorité de salariés ni même à la décision d'un syndicat. (Est licite, la grève sauvage décidée par les salariés et non par les syndicats). • Mais un salarié ne peut pas faire la grève seul sauf exception. • Il faut qu'il y ait une volonté commune d'agir ensemble et de participer à une action revendicative. Mais aucune condition de forme légale n'est exigée.	• L'objectif de la grève est d'appuyer des revendications professionnelles non satisfaites par l'employeur Elles peuvent être propres à l'entreprise ou générales pour suivre un mot d'ordre national. • Il n'est pas nécessaire que la grève soit annoncée à l'avance à l'employeur. Mais les salariés doivent avoir déposé des revendications professionnelles dont l'employeur a pris connaissance au moment de l'arrêt de travail. • Il n'est pas obligatoire que l'employeur ait rejeté les revendications qui ont déclenché la grève, pour qu'elle soit licite.

A. L'exercice anormal du droit de grève

Même si les éléments permettant de qualifier la grève de licite sont réunis, il faut encore que ses modalités ne la rendent pas abusive.

Définition

Il y a **abus du droit de grève** lorsque l'arrêt de travail entraîne une désorganisation de l'entreprise et pas simplement une désorganisation de la production.

L'action des salariés doit mettre en péril l'existence de l'entreprise ou cause une atteinte disproportionnée à d'autres droits (ex. : grève perlée, grève du zèle, grève avec occupation des locaux ou avec piquets de grève, grève d'autosatisfaction…). Un mouvement illicite caractérise un simple arrêt de travail qui peut être sanctionné par l'employeur selon le droit disciplinaire.

B. Les conséquences de la grève

Pour les salariés grévistes	Pour les non-grévistes
• Interdiction de rompre le contrat de travail du salarié en raison de l'exercice du droit de grève sauf faute lourde du salarié • En cas de rupture, licenciement nul de plein droit et réintégration possible du salarié • Suspension du contrat de travail • Retenue sur salaire strictement proportionnelle à la durée de la grève • Suspension du pouvoir disciplinaire de l'employeur : pas de sanction possible sauf faute lourde du salarié • Aucune mesure discriminatoire possible en raison de la grève • Pas de remplacement possible par des salariés en CDD ou en CTT mais possibilité de recours à des bénévoles, des sous-traitants ou des CDI.	• Absence d'impact sur le contrat de travail : – l'employeur doit fournir du travail aux salariés ; – l'employeur doit payer le salaire convenu. • Possibilité pour l'employeur de recourir aux heures supplémentaires ou complémentaires dans les limites légales et conventionnelles • Mutations internes et temporaires réalisables avec maintien de la rémunération

2 Le lock-out, réaction de l'employeur face à la grève

Définition

Le **lock-out** consiste, pour l'employeur, en la fermeture temporaire de l'entreprise, l'établissement ou l'atelier en réponse à un conflit du travail existant ou imminent. Il suspend le contrat de travail des salariés.

Principe : lock-out illicite	Exception : lock-out licite
• Le lock-out n'est pas reconnu en droit : – il est illicite lorsqu'il est préventif ou qu'il constitue une mesure de rétorsion ; – il s'agit d'une faute contractuelle à l'égard des salariés non grévistes : l'employeur doit verser des salaires aux non-grévistes. • L'atteinte au droit de grève des salariés constitue un délit d'entrave.	• Le lock-out peut être justifié par des circonstances exceptionnelles : – situation contraignante empêchant l'employeur de fournir du travail aux salariés non grévistes ; – force majeure ; – impératifs de sécurité et de discipline ; – suspension du contrat de travail des salariés non grévistes. • L'employeur n'a pas à verser les salaires.

3 Les modes alternatifs de résolution des différents collectifs du travail (MARD)

A. La conciliation

Définition

La **conciliation** est une procédure par laquelle les parties à un conflit collectif du travail tentent de se rencontrer pour négocier un accord en vue de résoudre le conflit grâce à un conciliateur ou à une commission de conciliation.

Forme de la conciliation

La conciliation peut être conventionnelle lorsqu'elle est prévue dans un accord ou une convention collective ou lorsque les parties en conflit décident de sa création. En l'absence ou en cas d'échec de la procédure conventionnelle, le conflit peut être porté selon son importance devant une commission nationale ou régionale de conciliation.

Procédure de la conciliation

La procédure de conciliation peut être engagée par les parties elles-mêmes pour mettre fin au litige ou par le ministre du Travail, ou le préfet ou la Dreets. Ces acteurs saisissent la commission de conciliation et les parties au conflit se présentent en personne aux réunions.

Issues de la conciliation

Soit les parties sont d'accord et elles signent un procès-verbal qui a valeur d'accord collectif (soumis aux formalités de dépôt auprès de la Dreets), soit, en cas d'échec, le conflit est soumis à la procédure de médiation ou d'arbitrage.

B. La médiation

Définition

La **médiation** est une procédure amiable et facultative faisant intervenir un médiateur, qui soumet aux parties en conflit des recommandations motivées pour apporter des solutions au litige.

La médiation débute par la désignation d'un médiateur d'un commun accord, en cas d'échec de la conciliation, à l'initiative du ministre du Travail, du président de la Commission régionale de conciliation ou des parties. Dans le mois de sa désignation, le médiateur soumet aux parties des recommandations. Les propositions sont examinées par les parties sous 8 jours. S'il y a accord, il produit les mêmes effets qu'un accord collectif.

C. L'arbitrage

Définition

L'**arbitrage** consiste pour les parties, à décider d'un commun accord, de soumettre les conflits qui subsistent à un arbitre qu'elles choisissent. L'arbitre tranche le litige en rendant une sentence arbitrale motivée.

L'arbitrage ne peut intervenir qu'après l'échec d'une conciliation ou d'une médiation. S'il est prévu dans une convention collective, il doit s'appliquer.

L'arbitre ne peut statuer que sur :

- les points de désaccord contenus dans le procès-verbal de non-conciliation ;
- les propositions du médiateur.

L'arbitre rend une sentence arbitrale motivée qui a les effets d'un accord collectif et qui revêt force obligatoire. En cas de désaccord, les parties peuvent exercer un recours pour excès de pouvoir devant la Cour supérieure d'arbitrage.

LE + DE L'EXPERT

- Dans un arrêt du 7 novembre 2018, la Cour de cassation a jugé que l'employeur pouvait tenir compte des périodes de grève pour opérer une retenue sur le paiement d'une prime, à la condition que toutes les absences non légalement assimilées à du travail effectif entraînent cet abattement. À défaut, la retenue est discriminatoire.
- La Cour de cassation a jugé, dans un arrêt du 23 novembre 2022 (n°21.19-722), que, sauf faute lourde, le licenciement d'un salarié qui incite des collègues à faire grève est nul.

22 Le droit de la protection sociale : introduction

Mots-clés

Cotisations sociales • Régime général

1 Les grands principes de la protection sociale

L'ordonnance du 4 octobre 1945 a institué un **régime général** de sécurité sociale reposant sur un réseau de caisses à compétence générale et dont la gestion avait été confiée aux représentants des intéressés.

Principes régissant la sécurité sociale

Universalité	• Généralisation du système de protection sociale à toute la population. • Principe validé progressivement (ex. : création de la CMU en 1999).
Unité	Un seul régime de sécurité sociale et une seule organisation administrative.
Uniformité	Applicable aux prestations et cotisations.
Autonomie de gestion	Administration paritaire des organismes de sécurité sociale par des représentants des employeurs et des salariés.

2 Les sources du droit de la protection sociale

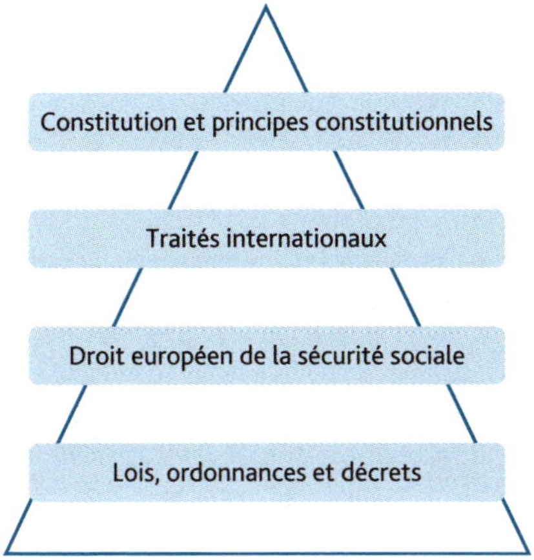

3 L'organisation administrative et le financement de la Sécurité sociale

Organisation institutionnelle de la Sécurité sociale

Agence centrale des organismes de Sécurité sociale (Acoss)	• Redistribution des recettes destinées aux quatre branches (maladie, AT-MP, famille, retraite) du régime général • Urssaf et caisses générales de Sécurité sociale
↓	
Caisse nationale d'allocations familiales (Cnaf)	Caisses d'allocations familiales (CAF)
↓	
Caisse nationale d'assurance-maladie des travailleurs salariés (Cnam-TS)	• Caisse primaire d'assurance-maladie (CPAM) • Caisse d'assurance-retraite et de la santé au travail (Carsat) • Caisse générale de sécurité sociale (outre-mer)

Le régime général de la Sécurité sociale est financé par des **cotisations sociales** dues au titre de l'emploi de travailleurs salariés et assimilés. À ces cotisations, s'ajoutent d'autres sources de financement comme la contribution au remboursement de la dette sociale (CRDS), le forfait social ou la contribution sociale généralisée (CSG).

4 Les régimes de Sécurité sociale

Plusieurs régimes de Sécurité sociale cohabitent en fonction des professions exercées, sans compter le lieu de vie (régime spécial de l'Alsace et de la Moselle).

Du régime général au régime agricole

Régime général	• Fondamental, il assure tous les salariés. • Quatre branches de risques sociaux : maladie-maternité-invalidité-décès ; vieillesse ; accidents du travail-maladie professionnelle ; prestations familiales.
Régimes spéciaux	Fonctionnaires de l'État, agents de la RATP et de la SNCF, marins…
Régime agricole	• Affiliation des salariés et non-salariés dont l'activité relève de l'agriculture. • Pilotage par la Mutualité sociale agricole (MSA).

LE + DE L'EXPERT

Depuis le 1er janvier 2020, la gestion de la protection sociale des travailleurs indépendants (→ fiche 27), qui incombait auparavant au régime social des indépendants (RSI), relève du régime général auquel les indépendants sont désormais affiliés.

23 Le régime général de la Sécurité sociale : couverture des risques non professionnels

Mots-clés

Décès • Invalidité • Maternité • Prestation en espèces • Prestation en nature • Protection • Vieillesse

1 La protection contre les aléas de la vie : assurances-maladie, maternité, invalidité, décès

A. La maladie

Prestations en nature	• Frais de santé : remboursements, sur la base d'un tarif conventionné, des dépenses médicales et paramédicales liées à l'état de santé de l'assuré ou de ses ayants droit, pour les soins réalisés par un professionnel de santé, inscrit sur la nomenclature générale des actes professionnels (NGAP) et justifiés par les documents constatant les actes réalisés. Un ticket modérateur reste à la charge de l'assuré auquel s'est ajoutée une participation forfaitaire (franchise), fonction des soins prodigués ; • Frais de transport, sous conditions.
	Bénéficiaires : l'assuré social et ses ayants droit
	Conditions d'octroi : • Aucune condition de travail initial n'est exigée (notamment pour les bénéficiaires de la protection universelle maladie – Puma). • L'assuré remet la feuille de soins au prestataire de santé qui l'adresse à la CPAM.
Prestations en espèces	Des indemnités journalières de sécurité sociale (IJSS) sont versées à l'assuré pour compenser la perte de salaire en raison de la maladie non professionnelle, à l'expiration d'un délai de carence de 3 jours : – elles sont égales à 50 % du revenu d'activité antérieur (RAA) ; – elles ne sont pas soumises à cotisations sociales mais aux CSG et CRDS et entrent dans le calcul de l'impôt sur le revenu.
	Bénéficiaire : l'assuré social
	Conditions d'octroi : • Pour bénéficier du versement des IJSS des 6 premiers mois d'arrêt, l'assuré doit avoir cotisé au moins 1 015 fois le Smic horaire durant les 6 mois précédents ou avoir totalisé au moins 150 heures de travail salarié dans les 3 mois civils ou les 90 jours précédents. • Au-delà de 6 mois d'arrêt de travail, il faut qu'il soit immatriculé à la sécurité sociale depuis au moins 12 mois et qu'il ait cotisé au moins 2 030 fois le Smic horaire dans les 12 mois précédents ou totalisé au moins 600 heures de travail salarié dans les 12 mois civils ou 365 jours précédents.

B. La maternité

Conditions de versement des prestations	
Les prestations de maternité sont conditionnées par le respect de certaines formalités : • la mère doit prévenir la CPAM et la CAF dans les 14 premières semaines de la grossesse ; • elle doit faire l'objet d'une surveillance médicale spéciale ; • elle doit résider en France de façon habituelle.	
Prestations en nature	Prise en charge à 100 % de tous les frais relatifs à la grossesse, à l'accouchement et à ses suites, à partir du 4e mois précédant la date présumée de l'accouchement jusqu'à 12 jours après.
Prestations en espèces	• Pour bénéficier des IJSS égales à 100 % du RAA, sans délai de carence, la mère doit justifier de 10 mois d'immatriculation à la Sécurité sociale et avoir cotisé au moins 1 015 fois le Smic horaire dans les 6 mois civils précédents ou avoir effectué au moins 150 heures de travail salarié dans les 3 mois civils précédents. • Les prestations de maternité sont exonérées de cotisations sociales. Elles sont soumises aux CSG et CRDS et à l'impôt sur le revenu.

C. L'invalidité

Les prestations d'**invalidité** sont accordées à l'assuré qui n'a pas atteint l'âge légal de la retraite et qui est atteint d'une invalidité réduisant des deux tiers sa capacité de travail ou de gain, à la suite d'un accident non professionnel (appréciation établie par les services de la CPAM).

L'assuré doit :

- justifier d'une durée minimum d'immatriculation d'un an ;
- avoir cotisé 600 heures au cours des 12 mois précédents ou avoir versé un montant de cotisation minimum ;
- avoir un âge inférieur à l'âge légal de la retraite.

Prestations d'invalidité

Prestations en nature	Les prestations sont les mêmes qu'en matière d'assurance-maladie (prise en charge à 100 % du tarif conventionné pour les soins liés ou non à l'état de l'assuré.	
Prestations en espèces	La pension accordée prend en compte la catégorie d'invalidité dont relève le bénéficiaire :	
	1re catégorie : l'assuré est capable d'exercer une activité rémunérée	Taux de 30 %
	2e catégorie : il est incapable d'exercer une activité rémunérée	Taux de 50 %

Prestations en espèces	3e catégorie : il relève de la 2e catégorie et en plus il doit avoir recours à une tierce personne pour effectuer les actes ordinaires de la vie	Taux de 50 % plus majoration pour assistance d'une tierce personne
	La pension est calculée sur le salaire annuel moyen des dix meilleures années du bénéficiaire. Elle est soumise à la CSG, à la CRDS et à l'impôt sur le revenu.	–

D. Le décès

En cas de **décès** de l'assuré social, quelle qu'en soit la cause, un capital-décès est versé aux ayants droit du défunt pour compenser la perte de ressources qui en découle.

Les personnes qui se trouvaient, au jour du décès, à la charge effective et permanente de l'assuré bénéficient du capital-décès.

L'assuré doit justifier, au moment du décès, soit d'un montant minimum de cotisations, soit d'une durée minimum de travail.

Le montant du capital-décès est forfaitaire (3 738 €) et versé par la CPAM dans le mois qui suit le décès. Il est exonéré de cotisations sociales, de CSG et de CRDS et n'est pas soumis aux droits de succession.

2 La protection de la vieillesse : droits à pension de retraite et prestations

Le système de la protection de la vieillesse est basé sur une double logique :

- la répartition (les pensions des retraités sont financées par les cotisations des actifs) ;
- la capitalisation (les droits acquis durant la carrière des actifs leur donnent droit à une pension une fois l'âge de la retraite atteint).

Mise en œuvre de la protection de la vieillesse

Obligation d'information	Informations assurées par les gestionnaires de l'assurance-vieillesse tout au long de la carrière du cotisant (états récapitulatifs des droits à 35, 40, 45 ou 50 ans)
Montant de la pension de vieillesse	Pension de retraite = $SAM \times D/d \times T$ Avec : *SAM* : salaire annuel moyen (moyenne des salaires des 25 meilleures années) *D* : Durée d'assurance dans le régime général de sécurité sociale *d* : Durée de référence (nombre maximal de trimestre pris en compte) *T* : Taux de pension dépendant de la durée d'assurance, taux maximum hors majoration : 50 %

Surcote/ Décote/ Majoration	• Surcote pour les assurés qui travaillent au-delà de l'âge légal alors qu'ils justifient d'une durée d'assurance suffisante à l'obtention d'une retraite à taux plein : majoration de 1,25 % pour chaque trimestre accompli. • Décote pour les personnes n'ayant pas validé le nombre de trimestres requis pour bénéficier d'une retraite à taux plein : minoration de 1,25 % par trimestre manquant. • Majoration, par exemple pour charge d'enfant : 4 trimestres pour la mère et 4 trimestres par parent pour chaque enfant éduqué.
Liquidation	L'intéressé qui remplit les conditions d'âge (62 ans, 60 ans pour carrière longue, ou 55 ans en cas de handicap...) et qui cesse toute activité professionnelle peut demander la liquidation de sa pension de vieillesse auprès de la Carsat du lieu de sa résidence.

LE + DE L'EXPERT

La loi du 14 avril 2023 portant réforme des retraites introduit notamment les modifications suivantes :
- relèvement progressif de l'âge légal de départ à la retraite de 62 à 64 ans ;
- allongement de la durée de cotisation de 42 à 43 ans ;
- revalorisation des pensions de retraite qui ne pourront être inférieures à 85 % du Smic pour une carrière complète.

24 Le régime général de la Sécurité sociale : couverture des risques professionnels

Mots-clés

Prestation en espèces • Prestation en nature • Risque professionnel

1 Les risques professionnels garantis

Accident du travail	• Est considéré comme un accident du travail, quelle qu'en soit la cause, l'accident survenu par le fait ou à l'occasion du travail, à toute personne salariée ou travaillant à quelque titre ou en quelque lieu que ce soit pour un ou plusieurs employeurs ou chefs d'entreprise. • Trois critères cumulatifs doivent être réunis pour le qualifier : – un fait accidentel ou un événement dont la date est certaine ; – à l'origine de lésions corporelles, de douleurs ou de traumatisme ; – en lien avec le travail du salarié.
Maladie professionnelle	• La maladie contractée du fait du travail et inscrite dans les listes officielles de la sécurité sociale est présumée maladie professionnelle. • La maladie peut aussi être reconnue professionnelle par expertise si elle est directement causée par le travail habituel de la victime, entraînant une incapacité permanente d'au moins 25 %.
Accident de trajet	• Constitue un accident de trajet celui qui se produit : – sur le trajet protégé qui va de la résidence principale ou secondaire du salarié à son lieu de travail (ou dans l'entreprise pour prendre ses repas) ; – aux heures de trajet habituel (pour et après le travail) selon l'itinéraire le plus direct et le plus court. • Est également protégé le détour justifié par les nécessités essentielles de la vie courante (ex. : sortie d'école).

2 La mise en œuvre de la couverture des risques professionnels

En l'absence de faute du salarié, la réparation forfaitaire des risques professionnels consiste en deux types de versements.

Prestations en nature et en espèces

Prestations en nature	Prise en charge à 100 % des frais chirurgicaux, médicaux et paramédicaux sans avance des frais et sans ticket modérateur, jusqu'à la guérison ou la consolidation, sur la base des tarifs conventionnés de sécurité sociale.
Prestations en espèces	• Versement d'IJSS calculées sur le revenu d'activité antérieur, SANS délai de carence (60 % du revenu d'activité antérieur pour les 28 premiers jours, puis 80 % à partir du 29e jour), jusqu'à guérison, consolidation ou décès du salarié. Le jour de l'accident est intégralement payé par l'employeur. • En cas de consolidation, un taux d'incapacité est fixé par la caisse. Si ce taux d'incapacité est inférieur à 10 %, le salarié perçoit une indemnité en capital. Dans les autres cas, l'assuré a droit à une rente, versée pendant toute sa vie. La rente peut être majorée en cas d'aggravation de son état ou de nécessité d'une tierce personne. • Le décès de l'assuré ouvre droit à une rente pour ses ayants droit pour indemniser le préjudice subi par la perte de revenus. La rente correspond à un pourcentage du salaire annuel de la victime.

Incidences de la faute inexcusable ou de la faute intentionnelle

Faute inexcusable	**De l'employeur** • Lorsqu'il a manqué à son obligation de sécurité de résultat, lorsqu'il avait ou aurait dû avoir conscience du danger auquel était exposé le salarié et qu'il n'a pas pris les mesures pour l'en préserver. • L'action en reconnaissance du caractère inexcusable de la faute de l'employeur est menée devant un tribunal judiciaire spécialisé dans les 2 ans à compter de la reconnaissance de l'accident du travail. • Lorsque la faute inexcusable est retenue, la rente de la victime est majorée. • Le salarié peut obtenir réparation des préjudices (physiques, esthétiques ou moraux) non pris en charge par la sécurité sociale. L'indemnisation de la victime est effectuée par la caisse, qui la récupère en une seule fois, en capital auprès de l'employeur.
	Du salarié • Il s'agit d'une faute volontaire, d'une exceptionnelle gravité exposant sans raison valable son auteur à un danger dont il aurait dû avoir conscience. • L'accident reste un accident du travail mais la rente allouée est réduite par la caisse.
Faute intentionnelle	**De l'employeur** • Elle se traduit par un acte ou une omission commis avec une intention délibérée (acte volontaire) de causer un dommage corporel ou psychologique. • Le salarié a droit à une réparation intégrale du préjudice subi selon les règles de la responsabilité civile de droit commun.
	Du salarié • Il s'agit d'un acte ou d'une omission impliquant une intention de nuire ou de causer des lésions corporelles. • L'assuré perd ses droits d'indemnisation au titre de l'accident du travail. Il bénéficie seulement des prestations en nature de l'assurance-maladie.

LE + DE L'EXPERT

- Selon la jurisprudence, un accident survenu au cours d'une mission professionnelle est présumé être un accident du travail. Cette présomption peut être renversée par l'employeur en apportant la preuve que le salarié a interrompu sa mission pour un motif « purement personnel ».
- Pour la Cour de cassation (arrêt du 1er décembre 2022 n°21-10773), si le juge civil peut retenir une faute inexcusable en l'absence de faute pénale non intentionnelle, « *l'autorité de la chose jugée au pénal sur le civil reste attachée à ce qui a été définitivement décidé par le juge pénal sur l'existence du fait et de l'action pénale, sur sa qualification ainsi que sur la culpabilité ou l'innocence de celui à qui le fait est imputé* ». Lorsque l'employeur est relaxé du chef de blessures involontaires, le juge civil ne peut en déduire un manquement aux règles de sécurité de l'employeur, compte tenu de l'autorité de la chose jugée au pénal. Pour apprécier s'il y a eu faute inexcusable, le juge civil doit donc prendre en compte l'analyse du juge pénal.

25 La protection contre le chômage

Mots-clés

Activité partielle • Chômage total • Durée d'affiliation • Salaire journalier de référence

1 Le chômage total

A. Les conditions d'indemnisation

Une personne souhaitant bénéficier des allocations de chômage, au titre du chômage total, doit remplir une série de conditions.

Conditions d'éligibilité aux prestations de chômage

Rupture du contrat de travail	Inscription sur la liste des demandeurs d'emploi	Autres conditions
• **Principe** : avoir été involontairement privé d'emploi. • **Exception** : certaines personnes sont éligibles à une indemnisation alors qu'elles ont rompu volontairement leur contrat de travail (en cas de rupture conventionnelle, par exemple).	S'inscrire comme demandeur d'emploi dans les 12 mois qui suivent la rupture du contrat de travail et effectuer des actes positifs et répétés pour retrouver un emploi ou créer/reprendre une entreprise.	• **Âge** : tout travailleur privé d'emploi de moins de 62 ans , progressivement porté à 64 ans (Réforme des retraites), peut bénéficier de l'ARE. Lorsqu'il a atteint l'âge légal de départ à la retraite et qu'il ne justifie pas du nombre de trimestres requis pour obtenir une pension à taux plein, il peut percevoir des allocations de chômage jusqu'à ce qu'il valide le nombre de trimestres obligatoires et, au plus tard, jusqu'à ses 67 ans. • **Domicile** : le principe de territorialité (métropole, départements et collectivités d'outre-mer) s'applique.

B. Les durées d'affiliation et d'indemnisation

Les exigences de durée d'affiliation varient selon l'âge du salarié à la fin du contrat.

Durée d'affiliation requise selon l'âge

	Durée d'affiliation
Moins de 53 ans à la date de fin du contrat	Au moins **6 mois** au cours des **24 mois** précédant la fin du contrat de travail (terme du préavis).
53 ans et plus à la date de fin du contrat	Au moins **6 mois** au cours des **36 mois** précédant la fin du contrat de travail (terme du préavis).

Principe d'indemnisation

Un jour travaillé = un jour indemnisé

- La durée d'indemnisation est égale à la durée d'affiliation.
- Le minimum est fixé à 128 jours, le maximum à 730 jours (24 mois).
- Les durées sont augmentées pour les salariés âgés de 53 ans et plus.

C. Le montant et le paiement de l'allocation de chômage

Allocation à verser = 40,40 % du salaire journalier de référence + 12,47 €

Définition

Le **salaire journalier de référence** (SJR) correspond à la somme des rémunérations brutes perçues au cours des deux dernières années précédant la rupture du contrat de travail divisée par le nombre de jours calendaires (jours travaillés et non travaillés).

Les sommes prises en compte dans le calcul sont :

- la rémunération de base ;
- les primes.

Ne sont pas prises en compte les indemnités de licenciement, de congés payés, de préavis et de non-concurrence (↪ fiche 3).

Versement de l'aide au retour à l'emploi (ARE)

Moment du paiement	Les allocations sont dues tous les jours calendaires et payées mensuellement à terme échu.
Différé d'indemnisation et délai d'attente	• Les différés ont pour but de limiter le cumul des sommes versées à l'occasion de la rupture avec le versement de l'ARE (congés payés, indemnisation spécifique). • Le délai d'attente est de 7 jours à compter du ou des différés d'indemnisation.
Régime social et fiscal	Contribution sociale généralisée (CSG), contribution au remboursement de la dette sociale (CRDS) et impôt sur le revenu (IR).
Terme du paiement	L'ARE cesse d'être versée au chômeur qui perd alors la qualité de demandeur d'emploi.

2 L'activité partielle

A. Le champ d'application et les motifs du recours à l'activité partielle

Définition

L'**activité partielle** (ou chômage partiel) a pour but d'accompagner les entreprises contraintes de réduire temporairement leur activité et le nombre de leurs salariés en permettant à ces derniers de recevoir une indemnisation.

Le recours au chômage partiel doit être justifié par au moins l'un des motifs suivants :

- la conjoncture économique ;
- les difficultés d'approvisionnement en matières premières ou en énergie ;
- un sinistre ;
- des intempéries à caractère exceptionnel ;
- la transformation, la restructuration ou la modernisation de l'entreprise ;
- toute autre circonstance à caractère exceptionnel.

La diminution de l'activité ou sa cessation doit être à la fois temporaire et collective.

B. Les formalités et les conditions d'in-demnisation

L'employeur doit :

- consulter le comité social et économique (CSE) (fiches 13 et 17) ;
- formuler une demande auprès de l'autorité administrative (préfet) qui répond dans les 15 jours (le silence de l'administration vaut acceptation).

Conditions d'indemnisation

Du côté de l'employeur	Du côté du salarié
• L'employeur de salariés en activité partielle reçoit une allocation financée par l'État et l'Unedic (montant fixé par décret). • Le recours à l'activité partielle est autorisé pour 6 mois maximum, durée renouvelable sous conditions. • Le contingent indemnisable est de 1 000 heures par an par salarié.	• Le salarié en activité partielle reçoit une indemnité de son employeur égale à 60 % de sa rémunération brute servant de base au calcul de l'indemnité de congés payés. • Le salarié bénéficie d'une garantie minimale de rémunération : le Smic pour un salarié aux 35 heures.

LE + DE L'EXPERT

La loi « Avenir professionnel » (2018) a étendu le bénéfice des allocations de chômage au salarié démissionnaire qui poursuit un projet réel, sérieux et attesté de reconversion professionnelle.

26 La protection sociale complémentaire

Mots-clés

Retraite complémentaire unique • Protection sociale complémentaire obligatoire

1 La retraite complémentaire unique

Le retraite complémentaire unique repose sur :

- La fusion des régimes. Depuis le 1er janvier 2019, un régime de retraite complémentaire unique Agirc-Arcco a remplacé des deux régimes autrefois distincts.
- Le principe de répartition. Les cotisations de l'année en cours servent au paiement des prestations des retraités de l'année en cours.

Conditions d'affiliation et de versement des prestations

Conditions d'affiliation	• Assujettissement obligatoire à l'assurance-vieillesse du régime général de la sécurité sociale. • Paiement des cotisations définies : il s'agit de la cotisation de base et des contributions d'équilibre. Les cotisations sont prises en charge par l'employeur à hauteur de 60 % et par le salarié à hauteur de 40 %.
Conditions de versement des prestations	• Avoir atteint 67 ans. • Avoir cessé toute activité. • Avoir liquidé sa pension de retraite complémentaire.

2 La protection sociale complémentaire obligatoire

La protection sociale complémentaire obligatoire repose sur un triple principe :

- L'insuffisance des régimes légaux de sécurité sociale. Pour faire face à cette situation, se sont développées par vagues successives des institutions (mutuelles, compagnies d'assurance...).
- La protection sociale complémentaire. Il s'agit de la couverture du risque-décès, des risques portant atteinte à l'intégrité physique de la personne ou liés à la maternité, des risques d'incapacité ou d'invalidité, des risques d'inaptitude et du risque-chômage ainsi que la constitution d'avantages sous forme de pensions de retraite, d'indemnités ou de primes de départ en retraite ou de fin de carrière (CSS, art. L. 911-2).
- Des organismes assureurs partenaires (mutuelles, institutions de prévoyance et entreprises d'assurance).

Conditions d'affiliation et de maintien du salaire

Conditions d'affiliation	• Mise en place par accord collectif (de branche ou d'entreprise) ou par décision unilatérale de l'employeur. • Tous les salariés, sauf exceptions (salariés ayant plusieurs employeurs et bénéficiant déjà d'une couverture complémentaire, salariés en CDD ou contrat d'intérim trop court ouvrant droit dans l'entreprise qu'à une couverture inférieure à 3 mois). • Financement à hauteur de 50 % par l'employeur. • Exonération de contribution sociale patronale si elle respecte deux qualités : solidarité et responsabilité.
Conditions de maintien du salaire en cas de maladie	• Soins en France ou dans l'UE. • Ancienneté d'un an au premier jour d'absence : indemnisation après 7 jours de carence, sauf accident du travail, à 90 % de la rémunération brute pendant les 30 premiers jours, 2/3 de la rémunération brute les 30 jours suivants. La durée d'indemnisation est augmentée de 10 jours par période entière de 5 ans d'ancienneté. La durée maximale d'indemnisation est de 90 jours pour chacune des deux périodes. • Justification de la maladie et d'un revenu de remplacement par la sécurité sociale. • Soumission à la contre-visite patronale.

27 Les autres régimes de protection sociale

Mots-clés

Mutualité sociale agricole • Profession libérale • Travailleur indépendant

1 Le régime des indépendants

Définition

Les travailleurs indépendants sont des personnes qui exercent une profession non salariée et non agricole.

Les professions libérales relèvent du régime des indépendants.

A. Les personnes assujetties

Professionnels libéraux	Autres travailleurs indépendants
Personnes exerçant à titre habituel, de manière indépendante et sous leur responsabilité, une activité de nature généralement civile (professionnels de santé, experts-comptables, architectes, métiers du droit (sauf avocats).	Commerçants, industriels, artisans.

B. L'organisation institutionnelle

En 2017, la suppression du régime social des indépendants (RSI) a été annoncée.

Depuis le 1er janvier 2020, la Sécurité sociale des indépendants est intégrée au régime général de la Sécurité sociale, après une période transitoire de 2 ans.

Principe	Exception
Les indépendants relèvent : • au niveau national, de la Caisse nationale d'assurance-maladie (Cnam), de la Caisse nationale d'assurance-vieillesse (Cnav) et de l'Agence centrale des organismes de sécurité sociale (Acoss). • au niveau local, des CPAM, des Carsat et des Urssaf.	Maintien d'une représentation des artisans, commerçants et professions libérales au sein du régime général de la sécurité sociale et de ses divers organismes : création du Conseil de la protection sociale des travailleurs indépendants (CPSTI).

C. Le régime social des indépendants

Maladie/ maternité	• Modalités de prise en charge identiques à celles des salariés. • Versement d'indemnités journalières à l'exception des professionnels libéraux (mais versement des prestations de l'assurance-maternité).
Vieillesse	• Artisans, industriels et commerçants : prestations de retraite de base et complémentaire. • Professionnels libéraux : ils ne relèvent pas tous du même régime d'assurance-vieillesse. Aux régimes de base, s'ajoutent des régimes de retraite complémentaire et de prévoyance fonctionnant à titre obligatoire.
Chômage	Allocation de chômage forfaitaire sous conditions restrictives (durée minimale d'activité antérieure, cessation d'activité suite à un jugement ouvrant une procédure de liquidation judiciaire ou de redressement judiciaire avec départ du dirigeant, activité ayant généré un revenu suffisant).

2 Le régime agricole

A. Les personnes assujetties

Personnes physiques	Personnes morales
Si l'exploitation est exercée sous forme individuelle, peuvent être assujettis : • le chef d'exploitation répondant à diverses exigences (taille de l'exploitation, temps de travail consacré à l'activité agricole, direction effective) ; • les conjoints, partenaires et concubins du chef d'exploitation, les associés et aides familiaux, les enfants et autres personnes à charge, s'ils participent à l'activité de l'exploitation ; • les salariés de l'exploitant agricole.	Si l'exploitation est exercée sous la forme d'un groupement, peuvent être assujettis : • les membres non dirigeants des sociétés s'ils participent effectivement aux travaux ; • les membres dirigeants des sociétés selon divers critères (type de société, participation à l'activité, situation personnelle).

B. L'organisation institutionnelle de la protection sociale agricole

Unification des régimes de base	Échelons locaux et nationaux
• La loi de financement de la sécurité sociale (LFSS) pour 2014 a unifié la gestion des régimes de base d'assurance-maladie-maternité-invalidité des exploitants agricoles et des accidents du travail et maladies professionnelles. L'intégralité des activités est confiée à la **Mutualité sociale agricole** (MSA).	• Niveau national : la MSA assure diverses tâches (unité du régime et opérations de contrôle). • Niveau local : les caisses locales de la MSA interviennent sur un territoire de la taille du département et prennent en charge les risques au titre du régime social des agriculteurs.

C. Le régime social des agriculteurs

Maladie/maternité	• Prise en charge des salariés comme des travailleurs indépendants agricoles.
Vieillesse	• Retraites forfaitaire et proportionnelle pour le chef d'exploitation, les membres de sa famille et son conjoint ou partenaire. • Alignement de la retraite des salariés agricoles sur celles des salariés du régime général.
Chômage	• Allocation de chômage forfaitaire des travailleurs indépendants agricoles. • Indemnisation des salariés agricoles par Pôle Emploi.

LE + DE L'EXPERT

Les dirigeants d'entreprise non titulaires d'un contrat de travail sont exclus du régime d'assurance-chômage géré par l'Unedic. Des régimes spéciaux volontaires leur sont ouverts : le régime de garantie sociale des dirigeants d'entreprise (assurance perte d'emploi GSC) et le régime de l'Association pour la protection des patrons indépendants (APPI). L'allocation forfaitaire mise en place par la loi « Avenir professionnel » (2018) n'est destinée qu'à certains travailleurs indépendants (débitants de tabac, gérants de SARL – sous conditions, directeurs généraux de SA).

28 Le contrôle de l'application du droit et le contentieux social

Mots-clés

Contrôle ordinaire • Recouvrement • Urssaf

1 Le contrôle par l'Urssaf

A. Les opérations de contrôle

Les opérations de contrôle de l'Urssaf consistent en :

- la vérification sur pièces des déclarations ;
- le contrôle ordinaire ou contrôle d'assiette ;
- le contrôle sur pièces des TPE.

Le contrôle ordinaire s'exerce en trois temps.

Périodicité du contrôle ordinaire

Avant le contrôle	Pendant le contrôle	Après le contrôle
• Envoi d'un avis de passage 30 jours avant la date de la première visite de l'agent • Trois mentions obligatoires : date, charte du cotisant contrôlé et possibilité de se faire assigner du conseil de son choix	• Détermination des dettes • Vérification des statuts des intervenants dans l'entreprise	• Remise d'une lettre d'observations marquant le début de la période contradictoire • Mise en demeure et contraintes éventuelles

B. La période du contrôle et les droits de l'inspecteur du recouvrement

Période contrôlée	• Trois dernières années civiles. • Prescription des cotisations et contributions par 3 ans à compter de l'expiration de l'année civile au titre de laquelle elles sont dues.
Droit des inspecteurs du recouvrement	• Droit exorbitant du droit commun (droit de visite et d'entrée, droit de communication des documents et audition des personnes rémunérées). • Obligation de remise par le cotisant de tous les documents comptables selon un classement nécessaire au contrôle. • Possibilité d'exiger de l'entreprise qu'elle mette à leur disposition un utilisateur habilité à même de les assister dans leurs opérations de contrôle. • Amende administrative (procédure contradictoire) encourue par toute entreprise faisant obstacle au contrôle.

C. La période contradictoire de trente jours

Le cotisant dispose de toute la période de 30 jours pour répondre aux observations formulées par l'Urssaf qui se doit de répondre en retour.

Le cotisant peut prendre l'attache d'un conseil.

2 Le recouvrement par l'Urssaf

Les opérations de **recouvrement** s'opèrent en quatre étapes.

Mise en demeure
Adressée par LRAR, elle invite le cotisant à régulariser sa situation dans le délai d'un mois.

↓

Contrainte
Si la mise en demeure reste sans effet dans un délai d'un mois, le directeur de l'organisme financier peut décerner, par acte d'huissier, une contrainte aux fins de recouvrement des sommes dues.

↓

Opposition à contrainte
Le débiteur peut former opposition à la contrainte auprès du greffe du tribunal judiciaire spécialisé dans le ressort duquel il est domicilié dans un délai de 15 jours à compter de la signification de la contrainte.

↓

Exécution de la contrainte
Si le débiteur ne s'oppose pas à la contrainte, celle-ci a valeur de titre exécutoire.

3 Le contentieux social

A. La juridiction compétente

Le tribunal judiciaire est spécialisé en matière sociale. Il a à connaître du contentieux social.

Compétences matérielle du tribunal judiciaire

Compétence matérielle

→ **Contentieux général**
- Application de la législation de la sécurité sociale et de la MSA
- Recouvrement des cotisations et contributions de sécurité sociale et d'assurance-chômage

→ **Contentieux technique**
- Invalidité en cas d'accident ou de maladie non professionnelle
- Incapacité de travail en cas d'accident du travail ou de maladie professionnelle
- Décisions des caisses d'assurance-retraite

Compétences territoriale du tribunal judiciaire

Compétence territoriale

↓

Principe
Tribunal judiciaire dans le ressort duquel se trouve le domicile du bénéficiaire ou de l'employeur intéressé ou le siège de l'organisme défendeur

↓

Nombreuses exceptions
(ex. : dernier domicile de l'accidenté du travail décédé)

B. Le déroulement de la procédure contentieuse

Phase gracieuse devant la commission de recours amiable ► **Phase contentieuse** devant le tribunal judiciaire

C. Les voies de recours

Le recours diffère selon la valeur du litige.

Valeur du litige et voie de recours

Litiges supérieurs à 5 000 €	Appel devant la chambre sociale de certaines cours d'appel, puis, le cas échéant, devant la Cour de cassation dans un délai de 2 mois à compter de la date de notification de la décision de la cour d'appel.
Litiges inférieurs à 5 000 €	• Le tribunal judiciaire spécialisé statue en premier et dernier ressort. • Le débiteur peut saisir la Cour de cassation dans un délai de 2 mois à compter de la notification de la décision du tribunal judiciaire spécialisé.

LE + DE L'EXPERT

L'Urssaf fixe forfaitairement le montant de l'assiette des cotisations et contributions dans les cas suivants :

- la comptabilité de la personne contrôlée ne permet pas d'établir le chiffre exact servant de base de calcul aux cotisations et contributions ;
- le cotisant n'a pas mis à la disposition de l'administration les documents nécessaires à la réalisation du contrôle ou la présentation de ces documents ne permet pas leur exploitation.

85098 - (I) - SOP 90° - 314 - NOC - MGS

DUPLIPRINT
733, rue Saint-Léonard, 53100 MAYENNE
N° 2983811B
Dépôt légal : août 2023

Imprimé en France